珍藏本
纪念版

汉译世界学术名著丛书

为权利而斗争

〔德〕耶林 著

郑永流 译

2017年·北京

Rudolf von Jhering
DER KAMPF UM'S RECHT
Wien: Manz'sche Verlags-und Universitäts-Buchhandlung, 1872
本书根据维也纳 G.J.曼茨书店出版社 1872 年版译出

汉译世界学术名著丛书
（120 年纪念版·珍藏本）
出 版 说 明

2017 年 2 月 11 日，商务印书馆迎来 120 岁的生日。120 年前，商务印书馆前贤怀揣文化救国的理想，抱持“昌明教育，开启民智”的使命，立足本土，放眼寰宇，以出版为津梁，沟通中西，为中国、为世界提供最富智慧的思想文化成果。无论世事白云苍狗，潮流左右激荡，甚至战火硝烟弥漫，始终践行学术报国之志，无改初心。

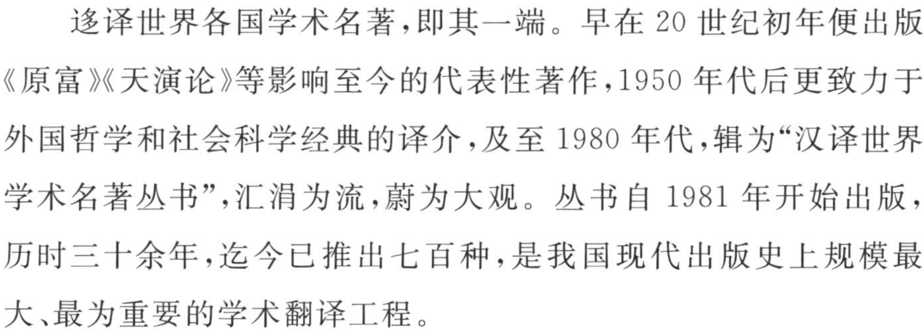

迻译世界各国学术名著，即其一端。早在 20 世纪初年便出版《原富》《天演论》等影响至今的代表性著作，1950 年代后更致力于外国哲学和社会科学经典的译介，及至 1980 年代，辑为“汉译世界学术名著丛书”，汇涓为流，蔚为大观。丛书自 1981 年开始出版，历时三十余年，迄今已推出七百种，是我国现代出版史上规模最大、最为重要的学术翻译工程。

丛书所选之书，立场观点不囿于一派，学科领域不限于一门，皆为文明开启以来，各时代、各国家、各民族的思想与文化精粹，代表着人类已经到达过的精神境界。丛书系统译介世界学术经典，引领时代思想，为本土原创学术的发展提供丰富的文化滋养，为推动中国现代学术和现代化进程做出了突出的贡献。

为纪念商务印书馆成立120周年，我们整体推出“汉译世界学术名著丛书”120年纪念版的珍藏本，寄望既利于文化积累，又便于研读查考，同时向长期支持丛书出版的译者、编者和读者致以敬意。

两甲子后的今天，商务印书馆又站在了一个新的历史时间节点上。我们不仅要铭记先辈的身影和足迹，更须让我们的步伐充满新的时代精神。这是商务人代代相传的事业，更是与国家和民族的命运始终紧密相连的事业。我们责无旁贷，必须做好我们这代人的传承与创造，让我们的努力和成果不仅凝聚成民族文化的记忆，还能成为后来人可以接续的事业。唯此，才能不负前贤，无愧来者。

商务印书馆编辑部

2017年10月

题词:你当在斗争中发现你的权利

在他告别维也纳之际
作为持久的感谢和忠诚之纪念文字
作者呈给
他尊贵的朋友
教授
奥古斯特·冯·利特罗夫人

目　　录

第一版序言

3 月 11 日，我在本地的法律协会做了一场关于为权利而斗争的报告，后来我对之进行了详细修改和较大扩充，并以这个文本交付刊行。

也是为了非法律人的最大兴趣和充分理解，我力图通过这种处理方式使这本小书进入受过教育的外行听众之中。这是一篇在这本小书中可发现对其运用的权利心理学，每一个思索的读者都有机会自己来试一试这种心理学。

这本小册子的问世，恰逢我正欲离开维也纳之时，我不得不利用这里给我提供的机会，以便对我的法律专业同仁，他们当时馈赠了我与会的荣耀，特别是对我崇敬的朋友——法律协会主席，前司法部长，弗赖赫恩·冯·海叶，公开重申我在演讲结束时对他们所说的。这就是，热忱地感谢实务界人士对一个以学术为志业者从一开始就给予的和从未掩饰的友好支持；感谢他们用如此愉快的方式保持着对我的学术追求之兴趣和理解，这种情感引发了我对不得不辞别您们的圈子的遗憾，并引发了请您们保持对我的友好怀念的乞求。您们对我的演讲所馈赠的支持，给予了我愉悦的希冀：从演讲中产生的信念也会鼓舞着您们；之于现时的奥地利，为权利而斗争是能够通过努力而实现的，在您们中，一些人会成为勇猛的斗士。这是一种最美好的祝愿，带着她，我可以告别奥地利了。

维也纳，1872 年 7 月 9 日

鲁道夫·冯·耶林博士

为权利而斗争

众所周知，法权（Recht）的概念是一个实践的概念，即一个目的概念，但是，每个目的概念据其本性是在双重意义上形成的，因为它包含着目的与手段本身的对立——仅仅说明目的尚不够，还必须同时指明如何能达到目的之手段。因此，法权还必须全面回应我们的这两个疑问——不仅在总体上，而且在每一个具体的法权制度中。事实上，法权的整个体系，不外是对这两个疑问的不停回答。每一个法权制度，例如财产、债的定义，必然是矛盾的，它既标明自己为之服务的目的，同时也指明应当如何遵循目的之手段。然而，无论形成的方式可能是多么不同，手段始终被归结于反对不法（Unrecht）的斗争。在法权的概念中存有下列对立：斗争与和平相伴——和平是法权的目标，斗争为其手段，两者经由法权的概念和谐一致地得出，且与之分不开。

人们可能对此提出质疑：斗争、不和，正好是法权欲阻止的，不和包含着对法权秩序的妨碍、否定，它不是法权概念的要素，否定德性的恶习在德性定义中的成分愈少，斗争与不和在法权定义中的成分就愈少。这一质疑如果是指不法反对法权的斗争方为正确，可是这却关涉法权反对不法的斗争。没有这种斗争，即对不法的抵抗，法权自身将被否认。只要法权必须在来自不法的攻击上理解——只要世界存在，这一攻击是持续的——为法权而斗争仍不可避免。因此，斗争不是法权的陌路人，斗争与法权的本性不可分地联在一起，是法权概念的要素。

贯彻这一思想，指明斗争对于法权的意义，是本演讲的任务。

世上一切法权是经由斗争而获得的，每一项既存的法律规则（Rechtssatz）必定只是从对抗它的人手中夺取的。每一项权利，无论是民族的还是个人的，都以坚持不懈地准备去自我主张为前提。这种法权不是逻辑的而是一个力（Kraft）的概念。正义环绕着法权，她一手提着天平，以此去衡量法权，一手握有干戈，用之去维护法权。无天平的干戈，是法权赤裸裸的暴力，无干戈的天平，是法权的软弱无能。两者休戚与共，唯有正义用来操持干戈的力量与其执掌天平的技艺比肩并立时，一种完满的法权状态才存在。

法权是持续的事业，也即不单单是国家权力的、还是整个民族的持续的事业。鸟瞰法权的全部生活，令我们忆起一个民族上下孜孜不倦地搏击、斗争和工作的壮观场景，例如在经济领域中。每一个处在必须主张其法权的境况中的个人，在这种民族事业中肩负着自己的那份使命，为在世界上实现法权的观念尽其绵薄之力。

当然，这项要求不是向所有的人提出的。芸芸众生的生活，未受阻挠、没有障碍地在法律规制的轨道上驶过，如果我们对他们说：法权就是斗争，他们可能不理解我们，因为他们仅把法权认作和平、安宁和秩序的状态。从其自身的经验立场出发，他们是完全正确的，这全如不费吹灰之力得到他人劳动成果的富有继承人，有理由否认财产权源于劳动这一铁律。把这两者弄混有其原因，即财产权概念和法权概念在主体上的两个面向，可能用下列方式彼此分离：一部分人得到享受与和平，而劳动与斗争被分配给另一部分人。如果我们问一问法权概念，答案将正好相反。同法权一样，财产也是一个双面的雅努斯[①]头（Januskopf），对一些人只展现这一面，而对另一些人仅显现那一面，因此，每个人从那里获得完全不同的形象。就法权而言，这一点既适于单个个人，也适于整个时代。某个人的生活是战争，而另一个人的生活是和平，像个人一样，由于两者在主体上被不同地分配，民众遂产生完全相同的错觉。一个长久的和平时期和那种对永久和平的笃信，繁花盛开，直到第一声加农炮响才驱醒了美梦，轻而易举就享受了和平的一代，被必须在战争的艰辛劳作中才能重新获得和平的一代所替代。在财产权以及在法权方面，劳动与享受如此相分离，但它们的休戚相关性并无损害；一些人怡然自得，在和平中生活，而另一些人则必须不停地劳作和斗争。没有斗争的和平与没有劳动的享受属于伊甸园岁月，历史只知晓，和平和享受两者是不懈的艰苦努力的结果。

斗争是法权的事业，关于斗争在实践上的必要性以及对斗争的伦理评价，一如劳作之于财产，地位是同等的，对这一思想我准备在下文中详述。因此，我以为，这不是多此一举，相反，这

① 雅努斯（Janus）是罗马人的门神，也是罗马人的保护神。传说雅努斯有两副面孔：一副在脑前，一副在脑后；一个看着过去，一个向着未来。用阿拉伯数字的注释为译者注，带*的注释为作者注，作者未编注释序号，译者也未加更改。这与本译丛的注释体例相反，意在保持带*的注释之原貌。

是我们的理论——我认为，不仅是法哲学，还有实证的实用法学(Jurisprudenz)，放任犯下的疏忽大罪，它们应负有责任。人们清楚地察觉到，我们的理论更多地与正义的天平而不是正义的干戈相干。这种理论习惯从片面的立场出发来看待法权，可以简要地把此立场概括为：对它而言，法权显得不是力的概念(Machtbegriff)，而是生活的抽象秩序。依我之见，这使其关于法权的整个学说烙上片面性印记，一如我在下面将有望证明的。

之于为法权而斗争我们必须遵循的两个方向是通过 Recht 这个词的双重意义所标明的——客观意义的法（das Recht im objektiven Sinn）和主体意义的权利（das Recht im subjektiven Sinn）。据其前一方向，斗争伴随着历史上抽象法的产生、形成和进步，据其后一方向，斗争是为了实现具体的权利（Rechte）。

斗争伴随着法的成长！法在其产生时究竟是不是遭遇斗争？流行的萨维尼—普赫塔关于法的产生的理论什么也没告诉我们。据此理论，如同语言或艺术，法的形成同样是毫无痛苦地发生的，无需奋斗，斗争，甚至连探求也不需要，相反，它是事实的静默作用之力，此力没有暴力的奋争，舒缓却安定地开辟着法的道路，是气质徐徐展露的、经由自己行为外显的确信力——一条新的法律规则，如同某个语言规则，也是自然而然地产生的。债权人可以将支付不能的债务人作为奴隶卖为外奴，或者所有人可以请求占有其财物的人归还其财物的规则。据此见解，在古罗马，与支配第六格（cum den Ablativ）[①] 这一规则的形成方式少

① Cum 为拉丁语的介词。

有二致。

这就是那种法的产生的观点，带着它，我在萨维尼居主流的时代离开了大学，在之后许多年，我仍受其影响。这一观点具有真理的资格吗？必须承认，法也全如语言或艺术一样，不受干扰地发展，或者用习惯的说法，我们称之为内在有机地发展。属于这种发展的有：从有规律、自主形成的交往法律行为中逐渐积累起来的法律规则，以及一切由科学从既存法中借助理论的论证所推导出并意识到的概念（Abstractionen）、结论（Consequenzen）、规则（Regeln）。然而，交往和科学这两个因素的力量是有限的，这种力量能够在现有轨道上调整、促进运转，但不能冲决阻挡洪流朝着新方向涌去的堤坝。唯有制定法（Gesetz）能做到这一点，亦即，国家权力的有意的、以此为目标的行动方可为之。因此，一切程序法和实体法的深刻改革均基于各个制定法并非偶然，而是深植于法的本性的必然。虽然制定法对既存法的修改，其影响可能完全限于既存法，限于概念领域，其实效没有达及依据至今的法所形成的具体关系领域——这是单纯的法律机器的改进，在这种改进中，一个不中用的螺钉或轧辊将被一个较完好的所替代。可是，众所周知，事情的反面常常是：只有以极为严重地侵犯既存法和私人利益为代价，改变才能实现。在物换星移中，无数个人和特权阶级的利益与既存法相连，其方式为：不以严重的方式损害他们的利益就不能废除既存法——质疑这种法律规则或者制度，意味着对所有这些利益宣战，意味着把一个用无数触须紧固着自己的珊瑚虫剥开。因而，每一次这样的尝试招致被威胁的利益以自我保存欲望的本能方式的最激烈抵抗，并由此

引发一场斗争，如同每场斗争一样，在这场斗争中，不是理由的分量，而是对立势力的权力状况起着决定性作用，并且像力的平行四边形，所带来的结果是，偏移了原来的路线，走向对角线，这并非少见。只是要说明，一些早为公众舆论所谴责的制度常仍可能长久地苟延残喘。使之得以保全的并非历史惯性，而是关乎其存在的利益的抵抗力量。

在既存法以利益为支撑的所有这些情况中，这是一场新法必须经受的、不得不为自己闯开一条通道的斗争，是一场经常要延绵整个世纪以上的斗争。当各种利益已获取既存法的形态时，斗争便达至紧张的顶点。此时，两派相互对峙，各派都把法的神圣性作为箴言写在自己的旗号上，一派标称历史的法的神圣性，即过去的法之神圣性，另一派主张永远在成长的和更新的法之神圣性，即发展人类永恒的原生法的神圣性——这种法律观自身的冲突情况的确染上几分悲剧色彩，这种冲突涉及主体，为了自己的信念，他们倾注了自己全部的力量和整个生命，并最终听凭历史的神明裁判。法律史必须记载下的一切丰功伟绩是：奴隶制和农奴制的废除、土地财产自由、经营自由、信仰自由，如此等等，所有这一切，须经最激烈的、常常是持续几百年的斗争才能赢得；在法律走过的这条路上，不难见血流成河，到处是被蹂躏的法律。因为“法是吞噬他自己孩子的撒旦”，* 法只有通过与自己的过去决裂才能使自己变得年轻。一项具体的法，因为曾经出现就要求无限地即永久地存续下去，好比一个挥臂打自己母亲的孩

* 引自我的《罗马法精神》II，1，§. 28（第2版，第67页）。

子。当它诉诸法律观念时，是对她的嘲讽，因为法律观念是永恒的生成，但已经生成的必须让位于新的生成，这原是：

所形成的一切，
是值得毁灭的。[①]

就这样，法在其历史运动中令我们忆起种种探索、角逐、斗争的图景，质言之，暴力的奋争的图景。无意识地借助语言完成其塑造者工作的人类精神，没有遭遇暴力的抵抗，还有艺术，除了它自己的过去，即流行的风格外，没有别的要去战胜的敌手。然而，作为目的概念的法，置身于人类的目的、志向、利益的混乱喧闹之中，它必须不停地摸索和探求，以寻找正确的道路；在发现了正确的道路时，必须斗争和运用暴力，以实际踏上这条道路。毫无疑问，法的这种演进，全如艺术和语言，是有规律的、统一的。然而，一如它所发生的，在方式和形式上，与后者大相径庭。因而，在此一意义上，我们必须断然驳斥由萨维尼首倡并迅速获得普遍效力的在法与语言和艺术之间具有类似性的观点。作为理论见解，它虽是错误的，倒并不危险，而作为政治公理，它却包含着可以想见的灾难性异端邪说，因为在人们应当付诸行动，应当以完全清楚的目的意识和尽其全力付诸行动的领域，它对人们搪塞道，事情是自我生成的，人们最好是袖手旁观，笃信地坐待什么东西从所谓法的源头：民族的法的信念（nationale Rechtsüberzeugung）中，渐次涌现出来。因此，萨维尼和他的

① 歌德诗句，原文为：Alles，was entsteht，
Ist werth，dass es zu Grunde geht.

所有门生厌恶立法的干预*因此，普赫塔的习惯法理论完全误解了习惯的真实意义。之于普赫塔，习惯不外仅是一种认识法的信念的手段；这一信念是在它被付诸行动时才得以生成，只有通过行动才表现出其力量和其支配生活的使命——质言之，法是一个力的概念这一命题也适于习惯法——这位卓越的英才对此命题完全视而不见。因此，他只是礼赞了那个时代。因为那个时代是我们诗歌的浪漫时期，不惧把浪漫主义观移至法学，并愿不遗余力地对这两个领域的相关趋势相互比较的人，大概不会认为我的断言不当：历史学派同样可被称为浪漫学派。立基对以往状况错误地理想化的观念：法如同原野之草木，无痛苦、不费力、无劳作地生成，这的确是一种浪漫主义作派；严酷的现实教诲我们的却相反，不仅是我们所看到的一小部分现实，几乎处处都给我们展现出民众在形成其法的状态中的惨烈角逐——对这个最重要的方式问题回答各异；而且无论我们回眸任何往昔，都留下同样的印象。所以，萨维尼的理论仅适于我们一概不知的史前时代。但若允许对史前时代提出各种猜想的话，那么，我与萨维尼学派迥然对立，它把史前时代设想为法是发自民族信念深处、友善、平和地形成的表演场，人们必定认可我的猜想：史前时代至少与法的可见的历史演进有类比性，并一如我自己认为的，同时，史前时代有较大的心理盖然性之优越性。史前时代！曾有一种风气，即赋予史前时代以一切美好的秉性：真实、坦率、忠诚、赤子之

* 直至施塔尔所做的讽刺，见我的《罗马法精神》II.，§.25 注 14 中所引用的他的在议院的讲话那一段。

心、虔诚信仰，在这样的土地上，除了法的信念的力量外，不要其他的驱动力，法便定能枝繁叶茂，本无需拳剑。然而，在今天，人人皆知，虔诚的史前时代却具有正好相反的特征，史前时代比所有后世以更容易的方式生成法这一假说，却难以服人。我本人坚信，史前时代在这方面必须付出的劳作曾更加艰辛，连最简单的法律规范，例如上述最古老的罗马法关于所有人要求任一占有人归还其财物的权利，和债权人把支付不能的债务人卖为外奴的权利，在实际确定下来且为每个人所服从之前，必定是在剧烈的斗争中才生成的。姑且不论其如何，我们撇开史前时代不计；有记载的历史给我们提供的关于法的产生的状况能令我们满足。但这种情况为：法的诞生如同人的诞生，通常伴随着剧烈的分娩阵痛。

法的诞生是如此这般，我们当为此悲叹吗？情况恰恰是，法非不费吹灰之力便降临于民众，他们必须为之角逐和争夺，斗争和流血，正是这种情况把他们与他们的法紧密地联系起来，正如在分娩时母亲与孩子以自己的生命为代价。不费吹灰之力获得的法，犹如仙鹤送来的孩子；仙鹤所送来的孩子，可能又被狐狸或兀鹫叼走。但狐狸从生育孩子的母亲那里叼不走孩子，同样很少从一个民族那里夺去他们在艰难困苦浴血奋斗中获得的法和制度。人们可以直率地断言：一个民族用来信奉和主张自己法的挚爱程度，取决于为获得法而付出的辛劳和努力。把民族与它的法连在一起的牢固纽带，不是习惯，而是牺牲，上帝对他所愿眷顾的民族，不是赐予他们以法，也不是减轻他们的劳作，而是加重这种劳作。法所要求的斗争，不是不幸，而是恩典。

* * * * * *

现在我转向我的演讲的第二部分：为具体的权利而斗争，其目的指向权利人的主张。这一斗争由他人的侵害、剥夺和蔑视这种权利而引发。因为没有权利，既没有个人，也没有民族，能免于这种危险，于是这种斗争可能在全部法的领域重复出现：下至私法（Privatrecht），上至国家法（Staatsrecht）和国际法（Völkerrecht）。战争，骚乱，革命，私刑（Lynchgesetz），神明裁判（Gottesurtheile），武力自卫权（Faust und Fehderecht）和其在今天的残余：决斗（Duell），最后还有紧急防卫（Nothwehr）和温和的斗争：诉讼——尽管斗争的争议标的和投入、斗争的形式和维度各各不一，它们与为权利而斗争这幕戏剧的场景有何不同吗？当我现在从全部这些形式中选取最冷静和最平淡的一种：为私权而进行合法律的斗争时，不是因为聚首在此的我们恰好对私权具有最大兴趣，而是因为在私权中，真正的事实关系具有最易遭受误识的危险，也即，危险不仅来自外行，还来自法律者本身。在一切其他的情况中，事实关系显得再明白和清楚不过。在这些情况中处理的是法益，它值得全力投入，连最愚钝的人也知晓这一点，没人会问：为何争来斗去，为何不乐于相让？极致地展示人类力量和牺牲精神这一壮美的表演，不可抗拒地吸引着每一个人，并把他提升至理想的价值巅峰。但是，在每一个私权的斗争中事情截然相异。私权的斗争所涉及的利益相对地微不足道，通常是我的与你的问题，这个问题又十分枯燥。这一特点指明，私权的斗争如

何表现出来，即仅表现在冷静的利害算计和生活筹谋领域，私权的斗争在其中运行的形式，斗争的机械性，排斥人格的自由有力的自我显现，加强了这种不利的印象。然而，这一斗争也曾有一个时代，在那时，这些形式曾呼吁限制人格，并借此清晰地显示斗争的真实意义。然而，在用剑来裁判我的与你的之争的时代，在中世纪骑士向对手下战书的时代，局外人也被迫认识到，在这一斗争中，关涉的不仅仅是物的价值，不仅仅是防止金钱损失，而且是张扬在物中的人格本身，主张个人的权利和名誉。

当然，我们没有必要乞求回到早已消逝的状态，以从中获得对它的解释，尽管在今天斗争形式趋向另外的样子，但事情却完全如昨。瞥一眼我们当今生活的诸种表象和心理上的自我观察，对我们整体仍有益处。

当权利受到侵害时，每一个权利人就面临着那个问题：他应主张权利，抵抗侵权者，亦即抗争，还是屈从侵权者而置权利于不顾，无人能替他做出决断。无论他做出何种决断，在这两种情况中，他均与牺牲相连，或是权利牺牲和平，或是和平牺牲权利。因此，这个问题似乎尖锐化为：根据事情与个人的个别关系，哪一种牺牲是更可忍受的。为了和平，富人将支付对他而言不重要的争议金额，之于穷人，这笔争议金额相当要紧，为此，他将舍弃和平。这样一来，为权利而斗争的问题似乎变成了一个纯计算题，在那里，将相互权衡双方的得失，然后再形成决断。

谁都清楚，实际上这决不是那么回事。日常经验告诉我们，在诉讼中，争议标的之价值与推测到的所耗费的辛苦、不安和成本不成比例。没有人为其掉入水中的一个塔勒而付出两个塔勒以重新得到它——他应为此花费多少的问题，在此是一个纯计算题。但他为何不在其诉讼中做这道计算题？人们不会说：他计算自己的所得并期待成本将落在其对手头上。你们每个人都知道，必须为胜诉付出高昂代价，这一确定的预见本身却并不使有些当事人放弃诉讼，正如你们中许多人在劝阻你们当事人诉讼时必定获得这样的回答：他愿打这场官司，耗费多少也心甘情愿。如何来说明这种固执呢？人们习惯听到的回答是众所周知的：诉讼癖。如何从理智的利益计算角度而不是通过争执狂来说明这种荒唐的行为方式呢？这是对争执的癖好，有不可抗拒的渴望使对手痛苦，即使明白这样做必须付出比对手也许还要高昂的代价。

让我们一会儿再说两个私人之争，代之谈谈两国之争。一国非法地从另一国夺取一座城市，我们或者说：一平方公里的不毛无价值之地，后者应当开战吗？如果我们完全从上述同一角度来观察这个问题，即从诉讼癖理论去判断发生在农民身上的那个问题：其邻居耕种了他的一些土地，或把石头扔在他的土地上，那么，一平方公里的不毛无价值之地，相比带来生灵涂炭、朝野忧心、国力耗尽的战争，意义几何呢？为此标的而开战多么愚蠢！只要用相同的标尺去度量农民和国家，必定得出上述判断。尽管无人愿像对农民一样对国家提出相同的建议，每个人会感到，对这样的侵权而沉默不语的国家，似乎是在自己的死刑判决上签字画押。人们能不受惩罚地从那里攫取一平方公里的土地，也将夺取其余下的土地，直至其一无所有，一个这样的国家活该如此。然而，如果国家应当由于一平方公里的土地而不问其价值进行自卫，农民为何不应由于一小片田地而奋争呢？或许我们应当用这句格言来打发农民：允许朱庇特所做的，不允许傻瓜做（quod licet Jovi，non licet bovi）？[①]

如同国家很少为了光秃秃的一平方公里土地，而是为了其自身，即为其尊严和独立而斗争，在上述争议标的之价值与推测的成本和其他付出之间不相称的诉讼中，很少涉及微不足道的争议标的，而是为了某个理想的目的：张扬人格本身和个人的是非感。除此目标，诉讼造成的一切牺牲和烦恼，在权利人眼里通通无足轻重——对他而言，目的补偿了手段。驱使受害人提起诉讼的不是利益，而是对遭受不公的道德痛楚；对受害人而言，当做的不是单单地为了重新获得标的物——他也许一开始就把它捐给了济贫机构，一如在这些案件中为确定真实的诉讼动机经常发生的——而是为了承认其权利。一种心灵之声对他说，他不可退缩，之于他，这不关无用的标的物，而关乎其是非感，其自尊，其人格——质言之，之于他，诉讼从一个单纯的利益问题变成了一种人格问题。

但是，经验同样显示出，一些处在相同情形中的其他人却做出完全相反的决断——之于他们，和平优于微不足道的权利。对此，我们当如何评价这两种行为方式的不同呢？难道我们应当简单地说：这是一个个人的兴致和禀性的事情，有人好争执，有人喜和气；从权利的立场看，两者当同等地受到尊重，因为权利放

① 译文据德语解释：Was Jupiter erlaubt ist，ist dem Ochsen nicht erlaubt. 见 Jochen Bruss，Lateinische Rechtsbegriffe，2. Aufl. 1999，S. 132. 英译为“Gods may do what cattle may not”。用“只许州官放火，不许百姓点灯”也颇为贴切，但太中国化了。

手权利人去选择，是愿提出自己的权利，还是愿置权利于不顾？我认为，这种人们在生活中不少遇见的众所周知的见解，是极为卑鄙的，是与权利的最内在的本性相抵牾的；可以想象，如果这种见解在某处成为普遍的看法，那权利就将遭殃，因为权利为了其生存需要对不法进行有力的抵抗，而这种见解却劝诫人们在不法面前胆怯地逃逸。取而代之，我提出这样的主张：抵抗不法是义务，是权利人对自己的义务——因为抵抗是道德的自我维护的命令——是权利人对集体的义务——因为为了卓有成效，抵抗必须是普遍的。我用这两个主张来标明我在下面将给予关注的任务。

* * * * * *

为权利而斗争是一种权利人对自己的义务。

主张自我生存是整个生物界的最高法则；众所周知，在每个生物中都存在自我维护的本能。然而，之于人类，这不仅关乎自然之生命，而且关乎其道德存在，但人的道德存在的条件是权利。人类用权利来占有和捍卫其道德的生存条件——没有权利，人类将沦落至动物的层面*，恰如罗马人从抽象法立场出发，始终把奴隶与动物同等看待。因而，主张权利是道德的自我维护的义务——彻头彻尾地放弃此义务，虽然现在不再可能，但过去有

* 在其小说《米歇尔·科尔哈斯》中，海因里希·冯·克莱斯特，我还将在下文中再提及此小说，让其主人公对诗人说道：如果我应被侮辱，宁做一条狗，而不做一个人。

可能，是道德上的自杀。然而，权利只是其具体制度的总和，每一制度包含着某种独特的道德的生存条件：财产权以及婚姻，契约以及名誉——因此，放弃一个具体制度如同放弃整个权利，在法律上同样不可能。但是，他人侵害某个生存条件却是可能的，且这种侵害必定遭到主体的回击。因为通过从法律方面纯抽象地保护这些生存条件还不够，它们必须为主体所主张；但是，当任意行为敢于侵害这些生存条件时，它就为主体的主张提供了契机。

然而，不是每一不法都是任意行为，即反对权利的理念。认为他自己是所有人而占有我的财物的占有人，在我个人看来，并未否定所有权的理念，相反，他却祈求于所有权的理念本身；我们双方的争执仅仅围绕着我们谁是所有人。但是，窃贼和强盗处在所有权的权利范围之外，他们在否定我的所有权之时，同样否定所有权的理念，并因此否定我个人的根本的生存条件。如果人们以为他们的行为方式是普遍的，是权利的准则，所有权在理论和实践上就被否定了。因此，他们的行为不仅包含对我的财物的侵害，还同时有损我的人格，如果主张我的人格是我的义务，那么，这也适合财物受侵害的情况，只有这种义务与维护我自己的生命这一更高义务发生冲突时，如陷入强盗置我于要么选择生命要么选择金钱之境地，限制所有权才能成立。但是，除此情势之外，用一切供我支配的手段去与这种对我个人权利的蔑视作斗争，是我的义务；由于我对这种蔑视的姑息，就决定了我生活中有某段无权利的时光，且对此无人可援之以手。相对于善意地占有我的财物的占有人，我自己处在一个全然不同的情势之中；此

时我必须做什么，不是我的是非感、我的性格、我的人格的问题，而是纯利益的问题，因为此时之于我，概不存在除财物的价值以外的冒险，原因在于，我对收益与付出、双重结果的可能性进行相互权衡，并随后做出决断：提起诉讼、放弃诉讼或进行和解，是完全正当的。和解是双方进行这种概率计算的重合点，且依据一如我在此设定的各种前提，是最正确的争议解决办法。然而，在和解常常难以实现之时，尤其是在双方当事人一开始就拒绝一切和解商谈并不少见之时，其理由不仅仅在于双方能达到的概率计算相距甚远，还在于争执的每一方假定对方有意不法、恶意。因此，问题显得是，即使它在诉讼上也采取客观不法程式（返还财产之诉），然而，在心理上，对于当事人而言，情形完全是一样的，如在上述故意侵权的案件中，从主体的立场上看，这种顽强性，借此主体抗拒对其权利的侵害，与针对窃贼一样，具有完全一样的动机和在伦理上是正当的。在这种情形中，通过指明诉讼的成本和其他后果以及结果的不确定性，意欲来吓退当事人，是心理的失策行为，因为对于当事人而言，这个问题不是利益而是是非感问题；从中可以产生结果的唯一关键点是，假定对手为恶意，当事人以此为出发点；如果成功地驳倒这一假定，那么，抵抗的真正神经就被击碎，并且促使当事人从利益立场上看待财物，因此易于和解。经常有这类尝试的当事人的偏见遭遇何种顽强的抵抗，无人比当事人更好地了解这一点，并且我认为，应对他们的决定保持确信，因为我主张，这种不接受，这种猜疑的心理韧性，不是什么纯个人的东西，由于个人的其他性格，它是有限的，而是教养与职业的一般对立起着决定性作用。这种猜疑在农民身上最不可克服，人们指责农民有诉讼癖，所谓诉讼癖不外是农民的两个主要特殊品格的产物：强烈的所有感，其实就是吝啬和猜疑。没有人像农民那样如此熟知自己的利益，并牢牢把握自己已有的东西，当然也是众所周知的，无人像农民那样易于倾其家当对簿公堂。这看上去是矛盾的，实际上完全是可理解的。因为恰恰是他强烈地显现出的所有感，对他造成了侵权之痛楚，对痛楚愈是敏感，反应愈是激烈。农民的诉讼癖不外是由猜疑引发的所有感的偏离，这种偏离一如爱情中的类似表现：嫉妒，当嫉妒在结果上恰好毁灭了它力图所拯救的东西时，反过来把矛头对准了爱情本身。

古罗马法为我在上面所讲述的提供了一个有趣的证明，因为在每个权利冲突中都嗅到对手恶意的农民的猜疑，直接以法律规则的形式表现出来。在任何地方，也包括关涉客观不法的场合，主观不法的结果是对败诉方予以惩罚。通过简单的恢复权利不能满足被激发出的是非感，而还要求对此予以特别的赔偿，即无论有否责任，对手已侵害了我们的权利。* 如果我们今天的农民必须行使那种权利的话，恐怕听起来也犹如其古罗马的有特权身份者（Standesgenossen）的权利，但是，在罗马，这种猜疑在法律上经由分别出两类不法：故意的与过失的，或主观的与客观的不法（用黑格尔的话是无偏私的不法），原则上业已被克服。

主观的不法与客观的不法的这种对立，对于我在这里讲的问题：相对于不法，受害人对其权利的态度，只具有次要意义。它

---

* 我有必要在下面再说到。

表明了法律如何看待事情的方式，同时指明了不法导致的结果。但是，之于主体的看法，之于由于主体遭受不法将如何引起主体的是非感的方式，其是非感不是随体系的抽象概念而跳动脉搏的，这种对立绝对不是决定性的。特殊案件的各种情况在方式上可能是，权利人有完全的理由，在一个根据法律属于客观侵权的权利冲突中，从假定其对手为恶意、有意不法出发，且他的这个判断对于他的针对其对手的态度，将具有绝对的决定性作用。对不知道有关债务的情况，且其偿还取决于证明存在债务的我的债务人之继承人，如同对厚颜无耻地否认给付的借款，或无理地拒绝还债的债务人本人，法律均赋予我相同的返还借贷之请求(condictio ex mutuo)，这并不妨碍我用完全不同的眼光看待两者的行为方式，并据此安排我的行为方式。之于我，债务人等同窃贼，他企图蓄意使我失去我的财产，这是违背法律的故意，只是这种故意在法官面前呈现出另外的假象，且是我必须像对待窃贼本人一样与之坚决斗争的故意。相反，债务人之继承人等同于我的财产的善意占有人，他并未否认债务人必须偿还债务的公理，而只是否认他自己是债务人的主张，并否认我在上面对债务人所说的一切也适用于他。我也许可以与他和解，完全不考虑提起诉讼，但是，我应该和必须谋求我针对债务人的权利，无论代价如何；如果我无所作为，那么，我牺牲的不单单是这个权利，而是法。

我预料对我至今的解说的异议为：民众对财产的权利，对作为个人的伦理生存条件的义务知晓多少？知否？——不知！但是，他们是否感受到这些是另一个问题，我希望能表明就是如此。民众对肾、肺、肝这些肉体生存条件又知晓多少呢？但是每个人都感受到肺部的刺痛，肾、肝的疼痛，他无需知道疼痛缘何发生。肉体的疼痛是机体故障的信号，是出现了对机体有害影响的信号；这一信号使我们看到威胁着我们的危险，并迫使我们及时地与由它带来的疾病作斗争。由有意的不法，故意所引起的道德痛苦是完全一样的信号。视对侵权的主观感受、侵权的形式和对象不同，道德的痛苦完全如肉体的痛苦，程度不一，对此以后再详述。这一信号仍预示着在未完全麻木不仁，即已习惯于事实的无法无天状态的每个个体中的道德痛苦，并同样敦促去与造成个体道德痛苦的原因作斗争——不仅为了结束痛苦的感受本身，而更是为了维护由于无所事事的忍受而受到威胁的健康。这是提醒去履行道德的自我维护的义务，一如肉体的痛苦发出的关于肉体的自我维护的警告。让我们设想一个最无疑问的例子，即侵害名誉和对名誉产生最敏感的情感的阶层，即军官阶层。一个对冒犯其名誉而忍气吞声的军官是不可能成为军官的。为什么呢？主张名誉是每个人的义务，那么，为何军官阶层强调以更强有力的方式履行这种义务？因为他具有那种正确的情感：一个据其本性应该是人格勇气的化身的阶层，不能容忍其成员的懦弱，不以牺牲自己为代价，果敢地主张人格，也是其地位和职业的道德生存条件。相反，人们却难为通过顽强性来捍卫其所有权的农民；为何农民在关乎其名誉时却不能这样做呢？因为他同样具有一种自己特有的生存条件的正确情感。农民的职业不指向勇气，而指向劳作，但是，其所有权不外是其劳作经历的清楚外显；一个荒弃自己田园或轻率挥霍其所有的懒惰的农民，如同一名在其同伴中

不能保持其名誉的军官，同样会在其同志中受到轻视，没有农民因为受侮辱而不抗争或提起诉讼，也没有军官因为不是一名好的庄稼汉而遭到他人的指责。对农民来说，他耕作的土地，他饲养的牲畜，是其整个生存的基础，农民用他的方式，即以带有最愤怒的感情的诉讼形式，对耕种了他的一些土地的邻居，或者对不支付给他卖牛价款的商人，为自己的权利全力进行斗争，军官则挥剑行事。两者均义无反顾地舍身投入斗争——全不考虑对他们的各种后果。他们必须这样做，因为他们为此只遵从其道德的自我维护的独特法则。假如人们把这些人放在陪审员位置上，先让军官来审侵犯财产罪，让农民来审侵害名誉罪，然后再交换一下角色，两案的判决将是多么的不同！尽人皆知，对于侵犯财产罪，没有比农民更为严厉的法官。我自己对此虽无经验，但我愿打赌，法官在那个少有的、农民向他提起的侮辱诉讼中，比在同一农民向他提起的所有权归属诉讼中，更容易做出调解的建议。古罗马的农民喜欢用 25 阿斯的金钱来了结打耳光案，即使某人打坏他的眼睛，他也可以与之商量并和解，比如，他可以打坏某人的一只眼睛作为替代，但他有权要求法律赋予他以权限，把他在现场捉住的窃贼蓄为奴隶，且在抵抗时允许将之杀死，法律准许他这样做。

我把商人作为第三例加进来。与名誉之于军官，所有权之于农民相当，信用之于商人甚为要紧。维护信用对商人是生死攸关的问题，谁传播谣言，说他未按时履行其债务，比侮辱他的人格或偷他的东西，令他更敏感，相反，军官可能对这种指控付之一笑，农民对因之产生的指责毫无知觉。当各种新的法典把轻率的和欺诈的破产犯罪越来越限于商人和与商人一类的人时，便适应了商人独特的地位。

我仅仅强调了这几个例子，因为它们特别明确地体现了我提出的个人道德生活条件这一观点的意义，它针对着是非感的病理学冲动。这一观点不仅适于私权，也完全适于刑罚权，这一点易于证明，但在此必须打住，只要提一下孟德斯鸠的名著《论法的精神》足矣。属于不同文化层面和表现形式的一些法典，在判断有些犯罪上的原则性差别，通常源于有必要通过严厉的刑罚去保全国家的特殊生存条件这个正确的情感。无需怀疑好像我把军官和农民请来作为我的主张最具说服力的证明，就会减弱作为一般的人之生存条件的名誉和财产之意义，对名誉和财产的情感只不过在他们身上显得最浓烈。关于财产，我认为强调一下这一观点是必要的，您们必须允许我对此再补充几句。

在我把农民作为其最具典范性代表时，不是在所有的领域，我们遇到那种明显表现出来的财产的意义，恰恰是在我们生活的地方可以提供最好的证明。假如我应当有朝一日用最尖锐的方式展示那种对立的观点，那么，这一观点可以说是，属于我的财产与我的人格有什么关系呢？财产作为我的目的的手段，享乐、收益、生计的手段服务于我，但是，正如挣大钱不是我的伦理义务，由于琐事进行耗费大量金钱且打扰我舒适心境的诉讼，同样不可能是我的伦理义务。引导我合法主张财产的唯一动机与决定我获取和使用财产的动机一样：我的利益——一个关于所有权的诉讼是一个纯粹的利益问题。

我们当对这种关于财产问题的思考提出什么相反的见解呢？

从财产权远离其历史和伦理的源头：劳动之中，我只瞥见那种不费力气的方式的特征，例如一再提到的财产的获得。唯有立于财产权的源泉方可清晰和透彻地归于根本，然而，财产权愈是远离其源头且愈是向下抵达容易或不费力便进入的领域，就变得愈是混浊，直至最终在交易所投机和股票骗局中把一切原始流迹丢失殆尽。在财产的伦理观念的一切残迹全无之地，自然不可能再有什么捍卫伦理性义务的情感；对财产的意义，就像它存在于每个必须以其辛勤的劳动来谋生的人那里，在此完全缺乏理解。可惜最恶劣的是，由于这种原因而产生的生活情调和习惯渐渐也延伸到在本性上与之无关的领域。* 人们在茅舍中也能感觉到通过交易所投机而获利 5000 万的影响，移居于另一环境内心习惯于为自己的劳动而喜悦的人，以劳动为本的人，在这种气氛令人紧张的压力下，感到劳动是一种灾难——共产主义只有在财产权观念完全消失的沼泽地里繁荣昌盛，从财产权观念的源头中，人们辨认不出共产主义。统治圈子的财产权观念不限于其本身，而且也感染着社会的其他阶级，这个定理在农村表现为刚好相反的倾向。长期生活在农村的和与农民不是完全无交道的人，尽管其处境和人格并不另外助长之，也不由自主地接受农民的财产观和节俭德性。因此，在别的方面处境完全一样的普通人（Durchschnittsmann），在农村，将变得与农民一样的节俭，而在城市，如在维也纳，将变得与百万富翁一样挥金如土。

---

* 我们的众多精小的德国大学城为之提供了一个有趣的例证，在那里生活的主要是学生：学生在花钱上的情调和习惯无意识地感染着市民。

然而，只要不是有必要出于标的物的价值而进行抵抗，便对为权利而斗争而不图安逸这一观念持冷漠态度，其原因来自何方呢？对于我们而言，重要的仅在于去认识和说明这一冷漠是什么。但是，由这一冷漠所传布的实用的生活哲学与胆怯的策略有何不同呢？从战场上逃逸的胆小鬼，牺牲了他人，拯救了自己的生命，但他是以荣誉为代价来拯救自己的生命。唯有其他人坚守战场这一情况，保护着他和集体免受这种行为方式必然引起的后果；如果所有的人像他那样思考问题，就将全军覆没。这亦完全适合因胆怯而放弃权利。作为个人的行为是无害的，但上升到行为的一般准则，却意味着权利的毁灭。这一行为方式的无害性假象，只是针对不法的权利斗争在整体上未被深入地触及时，方能成立。因为这种斗争不仅仅是向个人提出的，而且在开化的国家，当国家权力把一切严重侵害个人的权利、生命、人格和财产的犯罪交由刑事法官的法庭处理时——警察和刑事法官为个人担负着最主要的任务，国家的权力大规模地参与到其中。即使涉及仅留待个人进行追究的侵权安排妥当了，那种斗争从未中断，因为不是每一个人都遵循胆怯的策略，而且当标的之价值胜过其自身安逸时，懦夫也投身于斗争。然而，让我们设想一下那种状况：个人失去了警察和刑事司法的支撑，我们就处于像古罗马那样的时代，对偷窃和抢劫的追究，纯粹是受害者的事，权利的自我放弃必定导致何种后果，难道人们看不见吗？这除了鼓励窃贼和抢劫者还有什么呢？国家间的生活亦完全如此；因为在此，每一个国家是完全独立的，没有更高的权力为它担负起主张自己权利的忧愁；我只需回忆一下上文的一平方公里的例子，以此表

明，那种生活观：根据争议标的之实际价值来决定抵抗不法，对国家间的生活将意味着什么。然而，一个我们处处试图对其试验、被证明是完全不可想象的毁灭权利的准则，即使其致命的后果例外地通过其他有利情况而被削弱，也不能被称为是正确的。我将择机准确地评价这一准则自身发挥的不良影响。

因此，我们排除这一准则：懒散的道德，没有一个民族、没有个人基于健全的是非感将之作为自身的道德。它是病态的、迟钝的、僵硬的是非感的表现和产物，是法律领域极端的、赤裸裸的唯物主义。尽管唯物主义在这个领域有其充足的合理性，然而，却是在一定的范围内。权利的获得、利用和实现在纯客观不法的情况中，是一个纯利益问题——据我自己的定义*，权利自身不外是一个在法律上受保护的利益（Das Recht selber ist nichts Anderes als ein rechtlich geschütztes Interesse）。但是，由于任意性压抑着权利，使之窒息，这一唯物主义的考量就失去了其合理性。

何物构成了权利的对象，无关紧要。由于偶然的要求，某物处在我的权利范围内，也可能是，某物对我毫发无损地又游离圈外，但是，不是偶然，而是我的意愿在你我之间结成纽带，这一意愿同样以自己与他人付出的劳动为代价——我在物上所占有和主张的，是自己与他人的力量和过去的一部分。当我使物变成我的之时，我就使之烙上我的人格之印；谁侵犯了它，就是侵犯了我的人格，人们对它的打击，就是打击置身于其中的我本身——

* 见我的《罗马法精神》III. §.60。

财产只是我的人格在物上外展的末梢。

权利与人格的这一关联，不论权利的类别如何，赋予了一切权利无与伦比的价值，我将这种价值称为与纯物质价值不同的理想价值，纯物质的价值是从利益的立场出发的。我在上面所思索的主张权利时的付出和毅力，就源于此。这一理想的权利立场不是高贵者的特权，而无论是最粗暴的人、还是最有教养的人，无论是最富有的人、还是一文不名的人，无论是原始的自然民族、还是开化的民族，同样都能获得它，这就在于，对权利的权力，未使教养与财产对立，明显是合理的，即这种理想主义是如何植根于内在本质之中——它不外为是非感的健全状态。看上去使人类仅仅处在自私自利、斤斤计较的低谷的权利，把人类重新抬至理想的高峰，在那里，人们忘记了一切在低谷中习得的小聪明和斤斤计较，以及人类用来衡量一切的功利尺度，以便全力投身于某种理念——在平淡无奇的地方，在为权利而斗争的地方，权利变成了诗歌——因为为权利而斗争，实际上是人格的诗歌。

创造所有这些奇迹的东西是什么呢？不是认识，不是教养，而是痛苦这一个质朴的情感。痛苦是对受威胁状况的紧急呼喊和求救声。正像我在前文已指明的，如同适合物理的生命体，这完全适合于道德的生命体。人的机体的病理学之于医生有何意义，是非感的病理学之于法律者和法哲学家便有何意义，或许对法律者应该更恰当一些，因为说这对法律者已变成了习惯可能有误。事实上，权利的全部秘密隐藏于是非感的病理学之中。人们在其权利受到侵害时感受到的痛苦，包含着权利于他意味着什么的粗声吼叫这一本能的自我告白，首先是，之于他，之于个人，权利意味着什么，然后是，权利本身是什么，在这一内在因素中产生出的对权利的真正意义和真正本质的激情和直接感受，比起长期未受干扰地对权利的享受，表现得更加强烈。未经历自身或他人痛苦者，不知权利为何物，即使他能把民法大全倒背如流。不是理解，唯有情感，才可能为我们回答那个问题，为何语言把一切权利的心理学源泉正确地称为是非感——权利意识、权利信念是民众不了解的学术概念——权利的力量，完全犹如爱的力量，存在于情感之中，理解不能替代尚欠缺的情感。然而，犹如爱，自己经常全然不知，一有风吹草动，才被充分意识到，是非感常常也是在完好的状态下不知其为何物，意味着什么，而侵权是一个迫使人表白、使真相大白于天下、使力量显示出来的痛苦的问题。这一真理身在何处，我已在上文指明。权利是个人的道德的生存条件，主张它是对个人道德的自我维护。

是非感对它所遭受的侵害做出反应的剧烈程度和持续性，是其健全程度的试金石。不是对痛苦的单纯感受——他感受到的痛苦程度仅仅告知他，受威胁的财产具有何种价值——然而，感觉到痛苦，而不听痛苦对危险进行防御的警告，忍受痛苦而不反抗痛苦，是对是非感的否定，这也许在个别案件中，由于某些情况，可以原谅，但长此以往，对是非感本身不可能不产生有害的后果。因为是非感的本质是行动——在缺少行动的情况下，是非感日益枯萎，且慢慢地完全消沉下去，直至最后很少能感觉到痛苦。敏感性，即感到权利受到侵害的痛苦的能力，行动力，即对侵权予以拒绝的勇气和决心，是健全的是非感的两个标准。

我不得不在此放弃对是非感的病理学这个既有意义又博大精

深的主题进行详细论述，但请允许我再勾画几笔。每个人都知道，同样一个侵权对不同的个人和不同阶层的成员产生何种不同影响，我业已在上文试图对这种表现做出回答。与之相连，使我得出如下结论：对是非感的敏感性，不关涉一切权利本身，而是视个人、阶层和民族的群体的不同，感到受侵害的权利对他们自己道德生存条件的意义或弱或强。愿意继续遵循这种观点的人，可能肯定是受益颇丰的；我想特别地劝告您们注意上文中我用到的名誉和财产权的制度，外加婚姻——对不同的个人、民族、立法对通奸所持的态度有何种反思！

是非感的第二个要素——行动力，是纯品质的事情，一个个人或民族对侵权而做出的行为，是其品质的最可靠的试金石。如果我们把品质理解成完全的、依赖自身的、自我主张的人格，那么，没有什么比在权利和人格受到任意侵犯时有更好的动机去维护这个特点。受侵害的是非感和人格感反抗侵害的反应形式，即，是因冲动而采取粗鲁的狂热行动，还是有节制且持续地抵抗，对于是非感的强度，不是决定性的，通常采取第--种形式的粗鲁的民众，或者应补上有生命力的是非感的教养不够的人，相比采取第二种方式的有教养的人，并未犯什么大错。形式或多或少是教养和气质的事情，而激烈的、冲动的抵抗与不屈不挠的、坚忍不拔的抵抗毫无二致。如果不是这样则糟糕了。有一种观点认为，个人和民族受教育越多，就越丧失是非感。瞥一眼历史和市民生活，就足以驳倒这一见解。贫富的对立对是非感同样影响甚微。双方用来评价同一事物的经济标准确实是如此不同，正如上文评述的，然而，在财产权受到侵犯时，并不起什么作用，这

里不涉及事情的物质价值，而关乎权利的理想价值，也即，关乎具体财产权方面上的是非感的能量，不是如何获得财产，而是如何获得是非感，具有决定性意义。英格兰民族提供了这方面的最好证明，其富庶没有损害其是非感，这个民族在单纯的财产权问题上用何种精力去维护自己的权利，我们在欧洲大陆经常会有许多机会使我们相信这一点，其依据是，每一个旅行中的英格兰人表现出来的典型样子，他以男子汉的气概，拒绝客栈老板和马车夫行骗的企图，就像维护古英格兰法一样，在必要时，延迟起程，在那里滞留几日，支付十倍于他拒绝付出的费用。人们嘲笑他，不理解他。如果人们能理解他，那该多好啊。因为在他捍卫的几个古尔登中，[①] 蕴藏着古英格兰的行为，在他的家乡，每一个人都理解他，且因此不敢轻易去削弱他的权利。我不想去刺痛您们，但是，事情的严重性迫使我做一对照。我设想，一个在同样情形中有着相同地位和同样财产状况的奥地利人，将如何行动呢？如果我可以相信我自己在这种情况的种种经验，那么，在一百个人中，不足十人会仿效英格兰人的榜样。其他的人畏惧争执的麻烦，畏惧招人注目，畏惧他们会遭受曲解的可能性，一个英格兰人在英格兰不必担心的曲解，在我们这里却默默容忍之。简言之，他们付钱了事。但是在英格兰人拒绝而奥地利人支付的几个古尔登中，隐藏着英格兰和奥地利双方存续数百年的政治发展和社会生活的历史。因此，我产生了一个为我开辟了一条通向下文的便捷之道的想法。请您们允许我用我在前面已说过的一句话

① 古尔登，德国古代金币。

来结束至今的评述：主张受侵害的权利是一种自我维护人格的行为，因此，是权利者对自己的义务。

* * * * * *

然而，主张权利同时是一种对集体的义务。我已对您们把一个我将在下文中论证的思想如是称之。

为了证明这一点，我不得不考虑一下客观意义上的法与主体意义上的权利之间的关系。这一关系的内容如何呢？我认为，如果我说：它在于前者构成了后者的前提，那就是不折不扣地在重述流行的见解；一个具体的权利只是在各种条件出现的地方才存在，依据这些条件，抽象的法律规范与此在的人本身相连。因此，根据通说，两者的相互关系完全限于此。然而，这一见解完全是片面的，它仅仅强调具体的权利对抽象的法的依附性，但忽视了这种依附关系同样存在于相反的方向之中。具体的权利不仅仅从抽象的法中获得生命和力量，而且它也还抽象的法以生命和力量。法的本质是实际的实行。一个从未享用过的，或重又失去实行机会的法律规范，无权称为法律规范，它是一根松倦的弹簧，在法律机器中，不再一道工作了，人们可以换下它，丝毫无碍。这一原理毫无限制地适用于法的所有部门，无论是国家法还是刑法和私法，当罗马法承认不使用（desuetudo）是废止制定法的根据时，罗马法就明确地对制定法予以了惩罚，犹如具体的权利由于长期不行使就消亡了一样。相对于公法和刑法的实行被托付给国家权力机关并以

义务的形式得以保障，私法的实行以权利的形式完全听凭于私人个体的自由倡议和自我行动。然而，全如在前一种情形中取决于国家的机关和公务员履行其义务，在后一种情形中，有赖于私人个体使其权利生发效力。如果权利在一个具体的关系中长期和普遍地不行使，原因可能是由于懒散或者出于害怕，那么，法律规范自身就处在瘫痪状态。所以，我们可以说：私法规范的实行和实际效力，只有在具体的权利中和依据具体的权利，才能表明其存在；正如一方面具体的权利从制定法中获得其生命，另一方面它又还制定法以生命；这是一个从心脏到心脏的流动的血液循环。如果所有交由公共当局实施的制定法的存在问题仰仗公务员的义务忠诚，那么，私法规范有赖于引发权利人主张自己权利的那种动机的实现：他的利益和是非感；如果这种动机不发挥功效，那么，是非感就暗淡无光和麻木不仁，利益没有足够的力量去战胜在争吵和纠纷面前的懒散和畏缩，所以，结果是再简单不过了：法律规范没有得以应用。

然而，有什么办法呢？遗憾的是，还没有人比权利人自身对此更有办法。为此，我回到我曾经提到过的那种异议上，我再一次拿来我在前面用过的例子，某个人从战场上逃逸。当一千个人必须迎战时，人们可能不在意某个人的逃逸；但当一百个人甚至数百人开小差时，忠于职守的人的形势就变得越来越糟糕了，整个抵抗的负担全部落在他们的头上。通过这个例子，我想事情的真相已昭然若揭了。在私法领域，这也完全适合于反抗不法的为权利而斗争。这是一个共同的斗争，在这场斗争中，所有的人都必须紧密团结，这是一个民族的事业，逃逸者犯下了背叛共同事业的罪行，因为当他大长了敌人的胆量和气焰时，就是增强了敌人的力量。恣意妄为和无法无天放肆并无耻地达到登峰造极的地步时，是因为这总是肯定地表明，肩负捍卫制定法的人没有履行其义务。然而，在私法中，每一个被赋予使命在自己的岗位上捍卫制定法的人，是制定法的守护者和执行者。他拥有的具体权利，不外是国家给予他的指令——相对于公务员所拥有的绝对的和一般的指令，这是一个有条件的和特殊的指令——坚定地支持制定法并阻止不法；当他主张其权利时，他就在维护法律。因此，他的这种行为方式的利益和后果远远超出其个人的范围；的确，这不仅仅是制定法的权威和尊严得以维护的理想的利益，还是交往生活的固有秩序之安全这种非常现实和实际的利益。当雇主不再敢应用雇员规则，债权人不再敢扣押债务人，买主不再敢坚持严格的度量和费税规定，由此仅仅将是制定法的权威被损害了吗？它损害的是一种市民生活的秩序，这种秩序因此在具体的方面被放弃，难以言说这一有害的结果可能波及多远。例如，是否整个信用体系被严重地损害。在这类情形中，有勇气应用制定法的少数人的命运变成了一个真正的牺牲，他们的生气勃勃的、充满活力的是非感，对他们而言，正好变成了诅咒。如果被本来是他们当然的盟友的人抛弃，他们便孤独地与由普遍的冷漠和胆怯所养成的任意性对峙，当他们以重大的牺牲换来自身对制定法保持忠诚时，也许收获的不是认同，而是讥讽和嘲弄。对这种状态负有责任的不在于逾越制定法的民众，而在于那些没有勇气去维护制定法的人一方。当不法排挤权利时，人们应当

抱怨的不是不法，而是放任这种情况发生的权利，如果我要对这两个规范：不为不法和不容忍不法，根据其对私人生活的社会政策的意义　　明显地不是根据其伦理意义——进行优先性评价，我将说，权利的第一规则是：不容忍不法（dulde kein Unrecht）；第二规则为：不为不法（thue kein Unrecht）；犹如人们必将——这将得到证实——遭遇到权利人一方的顽强抵抗，当我们设想摆脱这种障碍时，在使权利人远离不法的行径上，顽强抵抗比那个在根本上是纯道德命令的不为不法更有力。

如果我坚持说：捍卫权利人被攻击的权利，不仅仅是对自己的义务，而且还是对集体的义务，这是否可能言过其实呢？如果我已评述的是真实的话，即权利人通过其权利来维护制定法，通过制定法来捍卫集体不可或缺的秩序，那么，谁会否认权利人因此同时履行了对集体的义务呢？如果集体有权利召唤权利人与外来的敌人作斗争，与之相对，为了集体，权利人应该牺牲身体和生命，为了反抗内部的敌人，为什么不可以这样做呢？内部的敌人使用与外部的敌人同样的方式损害集体的存在。在这种斗争中，胆怯的逃逸如同背叛共同的事业，我们可以为他们顾及名声吗？不！法律和正义在一个国家成长发育，不仅仅是通过法官长久地坐在其椅子上待命，警察局派出密探，而且是每一个人必须为此做出自己的贡献，每一个人有使命和义务，当任意妄为和无法无天的九头蛇（Hydra）[①] 敢于出洞时，就踩扁它的头。

---

① 意为灾难。

我无须说，由于我的这一观点，个人在实行其权利中的使命会显得多么高尚。代替对于制定法只是纯接受的立场，出现了相互性的关系，在前一种立场中，权利人满足于从制定法手中获得他可以主张或可以放弃的权利，制定法完全由兴致和情绪促成；一旦他协助制定法实现，他从制定法那里获得的东西，就还给了制定法。这是一种对伟大的民族使命的襄助，他被委托去为之，他可能了解或不了解这一使命本身。因为它是我们道德的世界秩序中的伟大和崇高的使命，以至于为了确定人的职责，它无须被理解，以至于为了召唤那些对这一命令缺乏理解的人投身工作，它拥有足够的措施和动机。也许一个人基于利益，另一个人出于所遭遇侵权的痛楚，第三个人因为权利的理念，被召唤上角斗场，他们都对这一共同事业援之以手：维护反抗任意妄为的权利。

如果我可以这样说的话，我们在此已登上了我们为权利而斗争的理想巅峰。从利益的低层动机，我们上升到了人格的道德自我维护的立场，现在最终达致协力实现权利理念这一境界。

如果法在我的权利中被损害，遭否定，就将被维护和重建。为此，权利主体为其权利的斗争获得了多么崇高的意义啊！纯个人的事情，个人利益的领域，各种目的，种种冲动，这些被无知者视为权利的原本领地的东西，是多么低下地匍匐在使权利主体入迷的这种思想的理想巅峰脚下！然而，这一山巅，可能有人要说，耸立太高，以至于只有法哲学家才能企及，它完全不顾实际的生活，因为谁为了权利的理念而毅然起诉呢？这是一个错误。为了反驳这一点，我能以罗马法为证，在罗马法中，这一理想意义的现实性在民众诉讼（Popularklagen）* 制度中表现得最为明显。如果我们想否认这一思想，那么，我们就是在为不法。每一个一看见不法盛行或者不法猖獗就感到愤慨和在道德上激愤的人，都具有这种思想，因为相对于因侵权引发的那种情感源于自己人格的损害，这种情感的根据是关于人类的道德理念的力量，这种情感是对亵渎权利具有强烈道德性质的抗议，是能为是非感佐证的最美妙的和最崇高的证言——这是一种道德的现象，无论对于心理学者，还是诗人，同样富有魅力和益处。之于心理学家，据我所知，概无另外一种情绪能突然地在人类中引起如此强烈的改变。众所周知，具有最温淳、最和善性情的人，也可能由此被投入他们完全陌生的激情状况中——这正是他们自身最高尚、最深沉之处被触动的明证。之于诗人，这是道德世界中的雷雨现象——道德力量的形式庄严、壮丽，其爆发骤然、直接、激烈，暴风骤雨般的异常剧烈，横扫一切，霹雷声下，震慑万物；

---

* 对于我的读者中不了解罗马法的那些人，我要指出，这一诉讼（actiones populares）给了愿意起诉的人以机会，作为立法者的代表出现，并使蔑视法律者承担责任，这种诉讼不仅仅出现在下列情况中：有关全体公众的利益，因此也包括起诉者的利益，例如，妨碍和损害公共通道，还出现在这种情况中，一个自己不能实际辩护的个人，所遭受的侵权存有疑问，例如，未成年人在法律行为中遭欺骗，不诚实，监护人忘记履行义务，欺诈孳息；凡此种种情形见我的《罗马法的精神》III，第107页（第二版，第111及下页）。因此，这种诉讼包含着对那种理想意义的要求，即没有自身的利益，仅由于法律祈愿的权利；有一些诉讼，当它们向起诉者允诺，把对被告将处以的罚款支付给他时，也要求具有寻利的正常动机，这些诉讼的缺点仅仅在于获利，或正确一点地说，在于起诉者职业上的雇佣，正如在我们这里是为得告发好处的告发。当我告知，第二类的大部分诉讼已在后期罗马法中消失，但第一类在我们今天的法律中，至少在大多数国家的法律中已消失，那么，我的每一位读者将了解到，他应与什么结论相连。

同时又通过权利主体的推动和作用，平静下来并得以升华：无论对于权利主体还是外部世界，都是一种道德的空气净化。然而，一旦权利主体的力量撞击到维护任意妄为而对权利说不的制度，会掀翻这种制度的暴风雨，便对始作俑者本身进行反击，等待着他们的，或是由于侵害了是非感，而逃不脱犯罪者的命运，对此我将在下文中谈到，或是同样的悲剧下场，即因软弱无能而遭受到的不法，在其心灵中留下的怨恨，在道德上失血而亡，且失去了对权利的信仰。

然而，人类的权利意识这种理想主义，使人类对亵渎和嘲讽权利理念比对个人的不法感受更深，且对于人类而言，这一痛楚包含着道德的强制，以去支持被损害的权利理念，简言之，具有那些品性的人对权利理念敏感，某种心声向具有那些品性的人宣称我在上文中曾经说过的原则：不顾个人利益，为了权利之故，服务于权利，是道德的义务——具有那些品性的人可能至少稀疏地播下了种子。然而，没有任何理想热情的整个平庸之辈，至少可以理解那种权利思考的立场，这个立场我在上文用一句话已标明了：我的权利就是法，法在权利中被损害，且将得到维护。之于我们法律者，这种思维方式不是十分流行的，因为依我们法律者的看法，在围绕具体的权利的争执中，制定法，我应当说出来吗？完全退避三舍，或者可能正确一些地说：对于我们法律者而言，只存在着具体权利的内在要素，争执的不是其围绕的抽象制定法，而是具体权利表现在制定法中的形式，在一定程度上，具体权利是抽象制定法的照片，具体权利在制定法中固定下来，但自身不能直接触及到。我不否认这个观点的技术必要性。然而，

这个观点并不妨害我们去承认前面立场的合理性，这个立场是，如果我应当如此说的话，制定法与具体的权利并排而坐，且把对权利的损害视为对制定法的损害。对于无偏见的是非感，正如我认为的，这一立场不同程度地比我们法律者的立场更容易接受，至少在制定法业已确定其全部力量和统治的地方。犹如罗马语言与德语在语言直觉上有着一致的表达一样，在诉讼中，原告用“依据制定法”（德语，Gesetz angerufen；拉丁语，lege agitur）；制定法本身也被怀疑，这是围绕着制定法的争辩，这一争辩必须在具体的案件中被决定——这是一种对于理解古罗马诉讼极其重要的观点。* 在这一视角下，因此，为权利而斗争同时是为制定法而斗争。在争执中，不仅关涉到权利主体的利益，关涉到制定法体现于其中的具体的关系，正如我所称的，具体的关系是一个影像，在这个影像中，制定法的瞬间光照被捕捉和固定下来，即使不触动制定法本身，人们也能击碎和摧毁它，而且制定法本身被蔑视，被践踏。只要制定法不应是无用的游戏和空洞的废话，制定法就必须被维护，与受害者的权利一同陨落的是制定法本身。

这样一种思维方式，我可以简单地称之为制定法与具体权利相连带的思维方式，把握和切中了两者关系的最深厚的基础，这我已在上文中有详释。然而，这只是肤浅和明显地立于表面，以至于缺乏理解力的利己主义也能触及其最简单、最明显的意义，

---

* 无制定法就无诉讼（Keine Klage ohne Gesetz）——我的详述见我引证的著作 II. 第 666—675 页（第 2 版第 630—639 页）（指《罗马法精神》——译者注）。

触及每一种理想的激情。这种思维方式可能总是在权利主体那里并不具有关于其基础的伦理生活观。但无可怀疑的是，它把权利主体不由自主地提升到权利理念的理想高度。真理总是真理，即使真理是被权利主体在其自身利益的狭隘视角下发现时，它也未失去它凌驾于人的秉性之上的权力。为了从安东尼身上割下一磅肉而驱使夏洛克走上法庭的是仇恨和复仇癖，然而，诗人借夏洛克之嘴说出的话，同样是真的，就像别人说出的一样。那是受害人说出的关于超地域、超时代的是非感的语言，权利必须仍然是权利，长久有效，信不可破。这是一个男人意识到的活力和激情：在他掌管的事情方面，它不仅关涉到人格，还关涉到一个理念。对于一磅肉，莎士比亚让夏洛克说：

我要求的一磅肉，
是我花大价钱买的，
是我的，我想得到它。
如果你们拒绝，我要诉诸法律！
威尼斯的法律没有效力吗？
——我要求法律。
——我有证据在握。

对，我要求法律。诗人用这四个词，[①] 以没有任何一个法哲学家可能确切表示的方式，标明了 Recht 在主体意义和客观意义上的关系，以及为 Recht 而斗争的意义。用这几个词，事情突然从夏洛克的权利请求变成了威尼斯的法律问题。当他说出这个

① 德语只有四个词：Ich fordere das Gesetz。

字眼之时，一个弱不禁风的男子的形象膨胀得多么高大，多么伟岸，这不再是要求属于自己的一磅肉的犹太人，而是叩开法院大门的威尼斯的法律本身。因为他的权利与威尼斯的法律融为一体，法律与他的权利一起毁灭。尽管他自身在通过卑劣的才智使其权利化为乌有的司法重击之下毁灭了*，当他受到尖刻嘲弄的折磨，神情沮丧，心灰意冷，用颤抖的膝盖摇晃而过时，谁能忍受那种感情，与他一道，威尼斯的法律低下了头，不是悄悄从那里溜掉的犹太人夏洛克，而是中世纪犹太人的典型样子，他们是社会的弃民，徒劳地向法律呼救？夏洛克的命运的巨大悲剧，并不在于单单是法律拒绝了他，而在于，他，一个中世纪的犹太人，笃信法律——人们可能说，他像一个基督徒一样认为法律是善的——具有一种坚如磐石的、不可能受任何东西迷惑的、法官自己也拥有的信仰，在于灾难犹如一个晴天霹雳降临于他，这个灾难击碎了他的空想并教育了他，在于他不外是一个人们在欺骗他的同时，又给予他法律的中世纪犹太人。

* 在我看来，夏洛克迫使我们不得不承认的十分悲惨的利益正是基于此，他事实上对其权利的希望落空了。因此，至少法律者必须审查案件。当然，全听诗人的便，做出其自己的判决，且我们并不愿遗憾，莎士比亚这样做，或正确地说，原封不动地保留这个古代的虚构故事。但当法律者愿意承受一个批评时，他可能不外说，那个证据是无效的，因为它包含着非道德性；如果有朝一日让“聪明的丹尼尔”起作用，那么，这是一个贫瘠的推辞，一个可耻的讼棍的花招，他已向那个男子说过，从活生生的身体上割下一磅肉，却不同意割肉时必然要发生的鲜血涌流。人们可能几乎认为，似乎夏洛克的故事曾在罗马法中上演过；因为《十二铜表法》的编纂者认为这是必要的：关于“撕碎债务人”（从债权人方面，in partes secare），明显地感到，割多割少或许不重要（如果多寡可以保证，那就免去欺诈之虞！Si plus minusve secuerint，sine fraude esto!）。

夏洛克的形象唤起了我对另一个人的情感，即海因里希·冯·克莱斯特在其同名小说中，以感人至深的事实所描绘的米歇尔·科尔哈斯的充满诗意的历史形象*。夏洛克在那里弯下了腰其气势被重挫，毫无抗拒地忍受了判决。米歇尔·科尔哈斯则不然。在为了获得其用卑劣的方式被蔑视的权利而耗尽所有的手段之后，在邪恶的政府干预司法的法令堵死了他的法律救济途径之后，从法院直至其最高代表即君主，公然支持不公正的一方，因为那种无限愤恨人们对他犯下罪行的情感袭据着他："如果人格被践踏，还不如做条狗"（第 23 页），他下定决心："拒绝对我进行法律保护，把我驱赶到荒郊野外的人，就给我了棍棒以保护我自己"（第 44 页）。他从被出卖的法院手中抢回了肮脏的宝剑，并挥舞着它，使举国上下弥漫着恐惧和惊愕，腐朽的国家制度摇摇欲坠，王座上的国王战战兢兢。鼓舞着他的不是复仇的野性，他不是像卡尔·摩尔那样的强盗和杀人魔王，"摩尔为了让天空、大地和海洋与鬣狗一类的坏蛋开战，想在整个自然界刮起暴风骤雨"，摩尔出于整个人类的这种情感宣告了战争，驱动着米歇尔·科尔哈斯的却是一个道德理想，即"为了谋求对自己所受到的伤害的补偿，为了其同胞对其未来的安全的满足，对整个世界，竭尽全力沉溺于义务之中"这种理念（第 9 页）。为了这个理念，他牺牲了一切，其家庭的幸福，其令人尊重的名誉，财产和物品，身体和生命，他导演的不是毫无目标的毁灭性的战争，而是矛头仅仅指向罪人和一切对罪人负有责任的人。一旦能

* 下面对这部小说的引证出自诗人的全集的 Tiek 版，柏林，1826 年第三卷。

看见实现自己权利的前景，他就自愿地放下手中的武器；然而，似乎那个男人有预感，就像他这个例子所表明的，当时无法无天和寡廉鲜耻的不要脸竟然到了何等猖獗的程度，所以，人们违背了安全护送和大赦他的诺言，他在断头台结束了自己的生命。然而，他的权利最终归于他，他没有进行徒劳的斗争，他使权利恢复了名誉，他获得了作为人的地位和尊严，这些思想使其心灵战胜了死亡的恐怖；他与死亡、世界和上帝和谐一体，顺从和从容地跟随刽子手而去。何种思考关联着这一情景呢！一个正直、无比诚实、对其家庭情爱至深、具有孩子般天真无邪品性的男子，将变成用火与剑摧毁敌人逃窜之地的亚提那式的人。他如何成为那样的人呢？正是使他在道德上高居所有把他交付给刽子手的敌人之上的品性：他对法律的无限尊重，他对法律神圣性的信仰，他的令人尊重的健全是非感的活力。他的命运之令人震惊的悲剧就在于此——塑造了他的气质的优长和高贵的东西：他的是非感的理想激情，他的英雄式的、忘却一切的和牺牲一切的对法律理念的献身，与当时那悲惨世界相连，上流社会和权贵们的狂妄自负，法官对义务的怠慢和唯唯诺诺，导致了他的厄运。然而，他的所为罪行，由于两倍三倍的压力，要归咎于用暴力迫使他脱离法律的轨道而陷入无法无天之境地的人。因为人们必须承受的不法，不管有多重——至少对于自然的道德情感——没有超过上帝赐封的当权者在他自己破坏法律时所犯的罪行，这是十足的法律的死罪，是对法律自身的背叛——在古罗马受贿之法官要被判死刑——没有一种由愤怒的控诉者指控的犯罪比侵害是非感更黑暗和更值得谴责——它是当权者自身的血腥的污点，一个被收买的、有偏私的司法的牺牲者，几乎被强力抛出法律的轨道，变成了自己权利的复仇者和执行者，且只有变成社会的仇敌、强盗、杀人者，或者像米歇尔·科尔哈斯一样，为保护其高贵的、道德的品性免除此危险，而成为其是非感的殉教者。人们说，殉教者的血没有白流，这可能在他那里得到了验证，他的警钟式的幽灵，足以在长时间内使其他的人免遭他所经历过的对法律的强暴。

当我在此召来上述人物时，就是要以一个感人的例子去展示，在法律制度的不完善无法满足是非感时，何种迷途威胁着有着强大力量和理想的是非感。此时，为制定法而斗争就变成了反对制定法的斗争。被本应保护它的权力所抛弃的是非感，离开了制定法的地基，并通过自我帮助，试图去获得愚昧、恶意、软弱不能给予它的东西。也即，这不仅仅是个人的，特别是充满活力和勇猛的人的事情，在他们中，民族的是非感，如果我可以这样说，对这种法律状况提出了控告和抗议，而是说，这种控告和抗议，在很大程度上重现于生活的某些制度、伦理的习俗之中，我们遵循这些制度和习俗的规定和方式，就像民众或某个阶层对它们所认为的那样，可以称之为国家制度的民间替代品和补充物。在中世纪，属于此类的有私刑法院（Vehmgericht），它是当时国家刑事法院软弱无能或偏私枉法的重要证明，以及自卫权，它坦言了国家权力的无力，在当代，指决斗制度，这是国家对毁损名誉所做出的惩罚不足以满足社会一定阶级敏感的名誉感的证明。科西嘉的血族复仇（Blutrache）和所谓的私刑，北美的民众司法（Volksjustiz），也属于此类习俗。它们均表明，国家的制度

与民众或阶层的是非感不相一致，至少它们包含着对国家的责备，或者是国家认为这些民间替代品是必要的，或者是国家容忍了它们。当制定法虽然禁止它们，但事实上不可能压制住时，对于个人而言，这些民间替代品就可能成为严重冲突的根源。科西嘉人在遵循国家的命令放弃血族复仇时，其自身遭到蔑视，他们在民间的法律观的压力下，顺从了这种法律观，重新落入司法的复仇之手。同样的情况发生在我们的决斗制度中。处在使决斗关乎名誉义务这一状况中的人，拒绝决斗，便有损其名誉，进行决斗，将被处罚——之于个人与之于法官一样，这是一个令人尴尬的处境。我们徒劳地在古罗马寻找这类制度的踪迹；国家的这些制度和民间的是非感在古罗马完全一致；仅仅是在基督教时代，基督徒们从世俗的法庭逃向大主教的裁判庭（Schiedsgericht），完全就像在中世纪，犹太人从基督徒的法庭（Gericht）逃向其拉比的法庭（Rechtskunde）。

* * * * * *

在此，我结束我的关于个人为其自己的权利而斗争的思考。我们从个人的动机，即从纯利益计算的最底层，经由强调人格和其道德深层条件的理想层面，直至正义理念实现的最高峰，从这一顶峰，犯罪者由侵害是非感失足跌入无法无天的深渊，一层一层地追踪了这一斗争。

然而，我们斗争的益处绝不限于私权和私生活上，相反，它远远超过这些领域。一个国家终究不过是全部单个个人的总和，正如单个个人会感觉、思考、行动一样，一个国家也会感觉、思考、行动。如果单个个人的是非感，正如它必须在私关系中得到证实一样，表现出麻木不仁、浑浑噩噩、漠不关心，由于不公正的制定法或腐败的制度对它的阻碍，是非感就找不到发展和强化自己的活动天地；假如是非感在可以期待的支持和协助的时候却遇到了挫折，谁能认为，当利益超出了私权的范围而关乎到国家法律或民族法律的问题时，这种奴颜婢膝的、失去活力的、病怏怏的、缺乏所有理想热情的是非感，可能会一下子振作成活力四溢的情感呢？未曾一次习惯于勇敢地去捍卫自身权利的人，又如何可意识到那种为了整体而献出自己财产和生命的冲动？当他出于贪图安逸而放弃自己的正当权利时，对他在自己名誉和人格上蒙受的极大损害缺乏理解的人，对其权利仅知晓其物质利益标准的人，人们如何能期待他在关乎到国家的法律和名誉时，会运用另外的尺度，会有别样的情感呢？这种至今为止遭否认的观念的理想主义，会突然从这里冒出来吗？不可能！国家法律和民族法律的忠实追随者不外是私权的侍从——他在后一种情形中所养成的特点，同样将会在前一种关系中伴随着他，并具有决定性意义——为国家在私权中播下的和显示出的东西，将在国家法律和民族法律中结出果实。在私权的底层，于生活的毫末，那种力量必须一点一滴地形成和聚合，为了能实现伟业，必须积蓄国家所需的道德力量资本。私权，而不是国家法律，才是一个民族政治发展的真正的学校！（Das Privatrecht，nicht das Staatsrecht ist die wahre Schule der politischen Entwickling eines Volkes!）如果人们愿意了解，在需要时，人们的政治权利和国际法地位如何

被捍卫，那只需留意一下，个人如何在私人生活中主张其自身的权利即可。我业已在上面给出了英格兰人的例子，在此，我仅仅可能重复一下我对英格兰人所说的：在他奋力争辩的古尔登金币中，蕴藏着英格兰的政治发展，无人能从一个普遍习惯于每个人在微不足道的事情上坚持自己权利的民族那里抢走他所拥有的宝物，且因此这绝非偶然，古代在内部表现出高度政治发达，对外显示出强大力量扩展的那个相同的民族，拥有罗马私权，同时又是最为精致的私权。权利是理想主义，但不是诗人的理想主义，而是个性的、伟岸之人的理想主义，这听起来如此自相矛盾，当他最深处的神圣感遭到攻击时，他感到他自己是自身的目的，且不大顾及一切其他的东西。至于这种对他的权利的攻击来自何方：是来自个人，还是自己的政府，抑或是外族，这对他又有何要紧之处呢？决定着他对这种攻击所进行的抵抗，不是攻击者个人，而是道德力量，借此力量，他护卫着自身去主张权利。对此有一句话永恒正确：一个民族对外的政治权利和地位与其道德力量相适应——相对于外族，拥有数亿人口的中国（das Reich der Mitte）将从不会有小小瑞士的令人尊重的国际法地位。[①] 瑞士人的气质在诗人意义上有些不属于理想型的，而是客观、实际的，与罗马人一样。然而，在我至今所使用的关于权利的表达这个意义上，理想主义适用于瑞士人，全如英格兰人一样。

这种健全的是非感的理想主义，如果它将自身限制在仅仅是捍卫自己的权利，除此之外不投身于对法律和秩序的维护，其自

① 耶林 1872 年说此话时为清同治十一年，中国正处于积贫积弱之期。

身的基础将崩溃。这种理想主义不仅仅知晓通过自己的权利去捍卫法律，还知道通过法律去捍卫自己的权利。在一个严格的法治（Gesetzlichkeit）观念和意义居主导的共同体中，人们将不会看到那种在别处经常发生的令人不愉快的现象，即当官方追捕犯罪者或违法者，或逮捕他们之时，民众中的许多人站在这些人一边，也就是把国家权力看作是民众的天敌；而在这里，每一个人知道，法律的事情也是他自己的事情——在这里，只有犯罪者自己同情犯罪者，而非诚实的人，诚实的人对警察和官方援之以手。

我不必用言语去表达与我所说的相连的结论。那是一个简单的原理：对于一个愿意对外有尊严地屹立，其内部坚定和不可动摇的国家而言，除了民族的是非感，没有更值得它必须去守卫和呵护的财富了。这种忧虑是最崇高的和最重要的政治教育的内容之一。在每一个个人健全的、有活力的是非感中，国家据有其自立于内外的最可靠的保证；这种是非感是其整个大树之根；当根不中用时，树就在岩石和不毛的沙漠中枯萎，那么，一切其他的是假象——一旦暴风雨降临，整个树就将被连根拔起。然而，树根深藏于大地，不被注意，其树干和树冠具有人可得见的长处。当人们仅仅只见国家的树冠，对从树根升至树冠的毒液全然不知时，不公正的制定法和腐败的法律制度对民众的道德力量所产生的毁灭性影响，在地底下，在某些政治家不屑一顾的领域，发挥着作用。然而，暴政清楚，它必须从何下手推倒大树，它先不动树冠而是摧毁其根须。每一个暴政都始于干预私权，始于使个人失去法律的保护，当它完成此工作时，便推倒树干本身。因此，这个道理也尤适合于与暴政抗争，罗马人完全知道，在他们以妇

女的贞操和名誉受袭为由而反抗王政（Königthum）和十人团（Decemvirat）并结束它们的统治时，他们在干什么。农民的自由的个人情感通过赋税徭役被摧残，市民被置于警察的监护之下，其旅行的许可与护照发放相连，作家的笔被拴在链子上，根据兴趣和怜悯来分配税收——像马基雅维利那样的人可能也开不出更好的处方，以扼杀一切生机盎然的个人情感和民族中的一切道德力量，并保证暴政无抵抗地长驱直入。暴政和任意妄为所进入的大门，同时对外敌也敞开着，自然就未被注意到，只有在外敌入侵时，智者才获得那个迟到的认识：一个民族的道德力量和是非感才可能构成抵御外敌的坚强堡垒！正是在农民和市民成为封建的和专制的任意妄为之对象时，德意志帝国失去了洛林和阿尔萨斯！

然而，当我们充分理解了历史的教训时，为时晚矣，这是我们自己的过错，我们未及时体悟到，这不怪历史，因为历史在大声和清楚地告诫这一点。民众的力量与其是非感的力量是同义词——呵护民族的是非感就是呵护国家的健康和威力。但是，这种呵护当然不是培训和上课这种理论式的，而是指把正义的原则实际贯彻到现实的生活关系之中。实体法的坚固性、明晰性、确切性；排除一切法律领域，不仅是私法，还有警察、行政、财政立法中的为健全的是非感必须反对的所有规定；法院的独立；程序设置的最大可能完备——对于增强国力，这些是比大幅度提高军事预算更可靠的途径。国家权力所发布或维护的每一个任意的或不公正的规定，是对国民是非感的伤害，因此伤及国力本身，是对权利理念的犯罪，这种犯罪又反过来打击了国家本身，国家经常必须为此付出更高的代价——对于国家而言，这种代价可能是相当于失去了一个省！我自己当然不这样认为：国家仅仅应当出于这种合目的之考量而避免这类作孽，毋宁说，我把为理念本身而去实现理念理解成国家的最崇高和最神圣的义务，但是，这的确是理论的幻想，如果实践型的政治家和国家领导人耸耸肩拒绝这种过分的要求，我将不会抱怨他们。然而，正因为如此，我已向政治家突出强调了问题的实践方面，对此，他有充分的理解——权利的理念与国家的利益在此手拉着手。无论多么健全的是非感不能长期于一种腐败的法律中成长，它将变得麻木不仁、无精打采、萎缩干枯。因为权利的本质是，一如已经指出的，行动——流动的空气对于火焰的意义，正是行动的自由之于是非感的意义，阻止或停止行动，意味着使是非感窒息而亡。

我已在上文证明了，主张权利是个人对自身的义务，我认为，根据以上对那个也属于国家的任务的阐述，可以建立起权利是对国家的义务的相同之观点。这种义务不是在没有法律和秩序国家就不可能存在这一意义上说的——人人都知道这一点。法律的外在机制可能这样完整地建立和运行，即，最高的秩序统治着，然后，能用出色的方式蔑视我们提出的要求：呵护和促进是非感。农奴制曾也是制定法和秩序，对犹太人的保护关税和如此多的以往的其他规范和制度，这些东西与健全的、有活力的是非感的要求，处在最可怕的矛盾之中。在市民忍受着这些制度时，国家仅仅伤害的是市民、农民、犹太人吗？他们是国家自己肉体的一部分，国家剪断了自己的肌腱，也即，在国家需要他们去抵御外敌时，他们拒绝履行义务。

* * * * * *

因此，我可以结束我的演讲了，因为我的主题已得到详尽的阐述。然而，我希望，请您们容许我，就与我的演讲对象紧密相关的一个问题，提请您们关注，它就是：我们今天的法律，或者确切地说，今天所指的罗马法，我仅敢对此做出判断，在多大程度上与我业已提出的诸要求相适应？我毫不犹豫地断然否定这一问题。它仍远远地落后于一个健全的是非感的正当要求，也即，不仅是因为它规定的无一正确，还因为它在整体上受那种与我说的完全相反的立场所左右。据我在上文的说明，健全的是非感的本质是指那种理想主义，它认为，在侵权中，不仅仅物体受到损害，而且人格本身被冒犯。我们所指的法律对这种理想主义充耳不闻，它对侵权做出判断的立场，对侵权进行评价的标准，仅仅是物质价值的——这是地地道道的、味同嚼蜡的唯物主义，这种唯物主义在这种物质价值标准中得以淋漓尽致地体现。

然而，在有关我的你的这种财产权问题上，除了争议标的或其价值几何之外*，法律还应保护受害人的什么呢？如果只保护其价值是对的话，那么，当小偷归还了所偷之物时，人们便应该放掉小偷。但是，人们非议道，小偷不仅仅是对被偷之人，还是

* 我自己在早年认为是物，见我的《论罗马私法中债的要素》一文，吉森，1867年，第61页。现在我认为是别的什么，这归功于通过长期专注于现在这个主题对我的观点的促进。

对国家的制定法、法律秩序、道德律令的犯罪。债务人故意否认已发生的借贷，受托人用卑鄙的方式滥用我给予他的信任，难道他们没有做其他的吗？当我经过长期抗争之后，不过获得一开始就属于我的东西，这能弥补我受到伤害的是非感吗？而完全置这种正当的补偿要求于不顾，当事双方之间的自然平衡是多么的荒诞不经！双方面临的诉讼不利结果这一危险，对于一方而言，在于他失去了一切，对于另一方，在于他什么也没得到；而对双方允诺的有利结果这一优长，对于一方，在于他什么也没失去，对于另一方，他获得了一切。这不正意味着发出卑鄙的谎言，奖赏不诚实的犯法吗？当然，我不过在事实上这样来描述我们今天的法律。在下文中，我还有机会对这一判断进行论证，但我认为，如果我们事先思考一下罗马法对这一问题所持的不同立场，也许会容易一些理解。

在这方面，我把罗马法分成三个发展阶段：第一阶段，如果我应当说，在其烈度上，尚是完全无节制的、不能达到自我控制的是非感的古罗马法；第二阶段，是非感有节制的中世纪的罗马法；第三阶段，是非感减弱和麻木不仁的晚期帝国时代，尤其是优士丁尼法。

关于体现了最低发展阶段情况的制度，我已在先前进行过考察并公之于世*，在此我对其结果做一简述。古代容易激动的是非感，根据主观不法的立场，包括一切对自己权利的侵害和否认，而不考虑对方是否有过错或过错的程度，与之相应，并要求无过

* 见我前引论文第 8—20 页。

错的人与有过错的人一样进行赔偿。否认有明显的过错（nexum），或不承认是自己使对方财产受到损害的人，在败诉时，要双倍赔偿，同样，在返还财产之诉中，作为占有人而取得孳息者，败诉时也要双倍赔偿，除此之外，主要部分败诉，他还将损失誓金之诉中的誓金（Processwettgeld，sacramentum）。当原告败诉时，他也承担这种惩罚，因为他对他人的财产提出了请求；如果原告对所诉债务的额度有半点不符，他也将丧失整个请求权。*

古代法的这些制度和规定有一些被新的法律所继受，然而，这些独立的新创造充满了一个别样的精神。** 用一句话来说，这种精神便是，过错标准被置于并适用于一切私权关系之中。客观不法和主观不法被严格区分开来，前者仅仅涉及简单的归还所欠之财物，后者还涉及刑罚，或是罚金，或是剥夺名誉权，正是在恰当的范围内保留这种刑罚，是中期罗马法最完善的思想之一。无耻地否认或隐瞒受托物的保管人，利用其地位为了自己的利益谋私，或失信地不履行自己义务的受托人或监护人，用单纯的返还财产或简单的损害赔偿就可了断，将不符合罗马人健全的是非感，这一是非感为了自身的满足和抵御这种不义，要求一个威慑手段，制定法在它给予这一不义以不名誉（Infamie）为名的刑罚时，满足了这一要求。相比所有的财产处罚，这一处罚的使用非常广泛。因不公之事招致诉讼或自己提起诉讼者，整个威慑手段的武器库为之准备好了，这些手段从争执标的之一部分起算

* 另外的例子见上引论文第 14 页。

** 上引论文的第二部分对此有讨论。

（十分之一，五分之一，三分之一，二分之一），上升至标的额的数倍，在尽管有对方的要求，标的额无法用其他方式硬算出来时，威慑手段也许甚至会迷失于无限制的程度，也即，起诉者起誓的多少被作为充分满意的程度加以确定。尤其是这样两种诉讼制度，它们的目的是使被告陷于那种境地，要么放弃冒险，没有进一步的不利后果，要么做好准备去干一桩故意逾越法律之事，且因此将受到处理：裁判官（Prätor）的禁治产令（die prohibitorischen Interdicte）和裁决令（die actiones arbitrariae）。这两个法令限制着被告对从原告个人到当局的反抗和攻击，如果被告愿意坚持这样做，这之后不再关原告权利的事了，而是法律自身以其代表者的权威来兴师问罪。

那么，所有这些处罚的目的是什么呢？它如刑法中的处罚的目的一样。首先是纯实用的目的：为私人生活的利益不受侵害提供安全保障，但这一侵害不属于犯罪的范畴，然后是道德的目的，给受伤害的是非感以补偿，使受蔑视的法律的权威重新获得名誉——对受伤害的是非感，我不仅理解成是直接当事人的，还指获知这种情况的一切人——因此，金钱不是目的本身，只是目的的手段。*

* 以特别明显的方式，尤其是在所谓的返还财产的纠纷之措施中。这种理想的观点：在这里不涉及钱和物，而关乎受伤害的是非感和人格感的满足（“magis vindicate，quam pecuniae habet rationem”，1. 2. § 4 de coll. Bon. 37. 6.），是在那里用特别明显的方式被贯彻的。返还财产的纠纷不关涉继承，不可能在借贷或在大批债权人破产的情况下被提出，一旦显示出，受害人对针对他的不法全无所知时（“ad animum suum non revocaverit”，1. 11. § 1 de injur. 47. 10.），返还财产的纠纷会在适当的短时期内消失，不是到处发生。

因此，依我之见，这个在中期罗马法中就有的诉讼形式，的确是典型的。既远离把客观不法塞上主观不法楦子的古代罗马法的极端，也不同于把主观不法完全降低至客观不法水平的相反的当今法律，中期罗马法，在它不仅严格区别这两类不法，还于主观不法的框架内对有关侵害的形式、类型和程度表达了最精致的理解时，充分满足了健全的是非感的正当要求。

当我现在转向罗马法的最后发展阶段，即它在优士丁尼编纂中如何收尾的，我不由自主地产生了这样一个想法，继承法，无论是对于个人的生活，还是之于民族的生活，具有多么重要的意义啊！当今天的时代要制定这样的法时，它将会是怎样的呢？然而，正如通过自己的力量可能难以维系生活而要靠留下遗产者的财富活命的继承人，一个精疲力竭的、潦倒没落的后人，也要依靠昔日峥嵘岁月的精神财富。谁愿相信，罗马人健全的是非感在后期专制的令人精神崩溃的压榨下能够长期地维持其古老的生命力，谁愿相信，对于那种称得上是真正是非感的理想意义，我认为尊重权利是为了其本身而不考虑其物质价值，后代还能保持理解？能感受到权利的这种理想价值者，必定感受到其本身；然而，数百年来作为专制者任意的玩物的民众能做到这一点吗？当一系列规范，其中还维持着旧的罗马感觉方式，仍然亡命于新的法律之中的时候，那同样是纯粹的继承财富。然而，除了已强调的外，还有一些被排除了，例如最严厉的古代诉讼刑罚被废除了。* ——古代完备的严厉性不合晚期的软弱偏好——作为整体

* 详见我的论文第 58 页。

的特征，那种以债权人为代价的改进债务人地位的努力，仍然继续起作用。* 我认为人们可能提出非常普遍的解释：对债务人的同情，是一个式微时代的征兆。这个时代自称为人道。一个强盛的时代首先考虑的是债权人获得其权利，尽管这使债务人走入谷底。优士丁尼承认，妻子所拥有的特殊抵押权，源于债务人内心的人道特点，债务人自己在每一个新的心血来潮时，不得不对这一特点万分地惊讶和庆幸，但这是圣克里斯平①的人道，他偷走了妇人的皮货，以便为穷人做靴子。

最后到了我们今天的罗马法！我几乎有些遗憾不得不谈到它，因为我由此陷入了这样的境地，必须在这个不是我希望的、能对它做出说明的地方对它做出判断。然而，我至少不想保留我

* 优士丁尼的法令为此提供了证明，他通过其法令，允许担保人对先诉(Vorausklage，指先诉债务人，后诉担保人——译者注)，允许连带债务人对债务份额进行抗辩，他对抵押物的变卖，确定了荒唐的两年期限，在发生抵押物的财产权转移之后，允许债务人有两年的赎回期，甚至在期满后，还保留着对债权人变卖财产所产生的额外收入的请求权，在关于满足债权人方面，法令承认其优先地位的有赔偿权的过分扩大、清偿之付（die datio in solutun)，以及教会在以下方面的特权：在双重合同关系中对有关利益诉讼的限制，对拖欠的利息只能在主债清偿后才能提起索赔这一禁止的不合理扩大（usurae supra alterun tantum)，以及在给船舶发放的贷款（foenus nautium auf 12p. ct.）方面的保证金的限制，在遗产清单优惠上给予遗产人的优先地位。首先在康斯坦丁出现的延期交付制度，然后在因为未清偿贷款提起的归还债权之诉（querela non numeratae pecuniae)，和所谓的不确定保证之诉(cautio indiscreta) 中，作为有价值的样板，先于优士丁尼的由于多数人的决定而强迫延期付款制度，他必须把这一制度归于其前任的发明贡献，相反，这个荣誉归于拿破仑三世，拿破仑一世在世时，看出官员执行得极为不力，出于人道的立场必须尊重这一制度。的确，这一点对圭亚那单调的断头台没有异议，但是后期罗马皇帝也没有思考一下，造成叛逆犯的子孙流落荒郊野外——以便明显地区别于对债务人的人道主义！不存在比以别人为代价更勉强的方式，满足人性。

① 公元8世纪基督教圣徒，制鞋匠，罗马贵族出身。后被马克西米皇帝下令处死。

的判断。

如果我应当用寥寥数语对它进行概括，我把近代罗马法的全部历史和全部作用界定为是这样一个特征：从事实本身进到在一定程度上必须形成的纯学术优势，这种学术研究的是决定着法的形成和发展的那些因素——民族的是非感、实践和立法。用外语表达的外国法通过学者被导入，且只有他们才能完全地把握，从一开始就存在两种完全不同的、经常是相互争斗的兴趣的对立和转换——我指的是关于法的纯粹无偏见的历史认识兴趣与法的实践调节能力和教养兴趣——与这些兴趣相对，实践不具备必要的能力完全从智力上掌握这些材料，并因此注定走向持久地依附于理论，这是指走向不成熟，与立法中的一样，司法中的分治主义压制着弱小的、不发达的走向中央集权主义的倾向。在民族的是非感与一个这样的法之间存在着严重的裂缝，民众不理解法，法不理解民众，难道不令我们惊讶吗？在古罗马时代，那些与那里的事实和习惯相适应的制度和规范，在此变成完全失去了前提并走向灾难。然而，只要世界还存在，司法绝不可能如今天的样子动摇民众对法的信仰和信任。当外行人拿着记录着其对手承认的曾欠他一百古尔登金币的单据向法官告状时，法官简单地把这个单据作为未证明的债据一推了之，或者说，这个明确提到借贷是债的原因的单据，在两年未满之前，就没有证明力，外行人质朴的健全理智应当如何吱声呢？

然而，我不想详细探讨下去——这样做也许看不到尽头——相反我仅限制在我们通常的法学犯下的能举出的两个迷惑上——我不可能用别的什么来称呼它们，它们是原则性的，不法的真正

种子蕴含于其中。第一个是，近代法学完全失去了我在上面提出的质朴的思想：在侵权中，完全不关乎金钱的价值，而在于补偿受伤害的是非感。近代法学的标准完全是无聊的标准，单调的唯物主义：只对金钱有兴趣。我记得一个听来的有关法官的故事，他在一个很小额度的争议标的案件中，当他提议从自己的口袋里掏出钱给原告而遭到拒绝时，极为光火。权利不同于权利的标的——质朴的农民也深刻地意识到这一点——这位受过教育的法官却不愿记住，我们把这并不看作是他的什么太大的过错，他可能要把这个指责推卸给学术。罗马法官手中的支付金钱的判决(Geldcondemnation)，正如它在使用时被理解的那样*提供了充分的手段，以公正地实现被侵害的理想的意义，这一支付金钱的判决在我们近代证据理念的影响下已变成了一个糟透了的权宜之计，正义用它力图去控制不法。原告必须精确地证明其金钱上的利益直至一赫勒一芬尼。①当这种金钱利益不存在时，法律的保护究竟在哪里呢？出租人把承租人赶出花园，在合同上，后者对花园有共同使用权，在花园停留具有何种金钱价值呢？或者，在承租人搬进一个房子之前，出租人却把它租给了另一个人，承租人必须在一个最低劣的寓所里凑合半年。一位已受聘于一个私立机构的私人教师找到了一个更有利可图的位置，并想毁约，另外

---

* 对此有证明资料如下：1.7 de ann. (33.1)，1.9. §.3，1.14. §.1 deservo corr. (11.3)，1.16. §.1 quod vi (43.24)，1.6，1.7 de serv. Exp. (18.7)，1.1. §.2 de tut. rat. (27.3)，1.54. pr. Mand. (17.1)，1.71 i. f. de evict. (21.2)，1.44. de man. (40.4)(指所引《学说汇纂》的编章条款号——译者注)。同样的方式是，今天的法国法院得体地将支付金钱的判决运用之。

① 旧时最小货币单位，100 赫勒为 1 奥地利克朗，100 芬尼为 1 德国马克。

的人选又没有找到，学生数周或数月上不到法语或绘画课，每个人在此可推算一下金钱的价值。一个女厨师无理由地丢下了工作，因此使主人非常窘迫，因为一时找不到替手。每个人可以证明一下这种困境的金钱价值。在所有这种情况下，人们依据通常的法无济于事，这正好是一种偶尔的无法状态。人们由此陷入各种不幸，不是压迫，而是正当的权利被轻率地践踏，却没有救济。

与我们的实用法学对侵权的理想层面缺乏感受紧密相关的是，罗马法中受损害的是非感和法律应获赔偿的所有惩罚全都消失。在我们这里，背信的保管人或受托人不再受不名誉之罚；极端无耻的行为只要巧妙地明白去规避法律，就能完全无事和逃脱惩罚。虽然罚金和对否认者的处罚出现在教科书中，但它们在实践意义上大多数时候完全消失。那这意味着什么呢？不外是在我们这里，主观不法已丧失了其与客观不法相对立的资格，并被降至后者的水平。在无耻地否认给予自己贷款的债务人与善意为之的遗产继承人之间，在欺骗我的受托人与仅仅是过失为之的受托人之间，总之，在故意的、可耻的侵权与无知或过失的侵权之间，我们今天的法律完全不再知道其区别——说到权利，到处只是金钱。

然而，对金钱本身——法律将如何评说呢？这把我带至我在上文中想到的第二个迷途上，这就是我们近代的证据理论。人们可以认为，它仅仅是为了摧毁权利这一目的而被发明的；一旦世界上所有的债务人密谋使债权人失去其权利，就没有什么东西可能显得比我们的法学干得更漂亮的。没有数学家发明出比我们的法学所使用的更为精确的证据方法了。在损害赔偿之诉和利益之诉（Interessenklage）中，这一蠢行达到了登峰造极的地步，人们正好可以强调，谁知道他在诉讼中应当证明什么，他将由于惊恐于提出这种诉讼而被吓退。用权利的假象来扭曲自己的权利，与法国法院聪明的方式所形成的鲜明对照，在许多新近的文章中明明白白地被描绘出来，以至于我可以不再唠叨了，我只是不能不说：这是原告的不幸，被告的幸事。

如果要总结我至今所说的一切，我想把这最后的惊呼在根本上称为我们近代法学趋势的口号。它在优士丁尼开辟的道路上精神抖擞地前进；是债务人，而不是债权人对此抱有好感：宁愿对一百个债权人公然地不公，而不能严厉处置一个债务人。

一个外行人应当很少认为，这种局部的无法无天，我们把它归于民法和诉讼法学者的错误理论，仍有加剧的可能，当然，这一状态本身仍将由于早期刑法学家的错误而继续恶化，这一错误可以称为对权利理念的暗杀，对是非感的最恶劣的亵渎，这一亵渎业已发生在学术领域。我指的是，紧急防卫的权利的可耻枯萎，它是一种人的原始权利，正如西塞罗所说，是一个对于人来说天生的自然法则，从这里出发，罗马法学家们曾十分天真地认为，没有一个世间的权利能被拒绝（Vim vi repellere omnes leges omniaque jura permittunt）。[①] 如果在近几个世纪以及在我们这个世纪，这些罗马法学家们也可能反过来想！虽然在原则上受过教育的先生们承认这一权利，然而，例如民法学家和诉讼法学者对债务人怀有对犯罪者同样的同情，他们用下列方式力图限

① 拉丁文意指一切法律和权利只允许用一种暴力回击另一种暴力。

制和削减这种权利的运用：在大多数案件中保护犯罪者，而使被侵害者失去保护。如果人们深入到这一种学说的文献中，* 便知有多么人的深渊张开着：人格情感的堕落，质朴健全的是非感弱不禁风、完全退化和麻木迟钝——人们可能认为被投入到一个道德被阉割了的社会！受危险和名誉毁损威胁的人应当退让、逃逸**，因此，为不法腾出空间是权利的义务——军官、贵族和位尊者是否必须逃逸，有识者对此意见不一***，——一个可怜的士兵，遵守这种指令两次退却，第三次则遭到其敌人的追击，他与敌人交战并将之杀死，“作为对他本人有益的教训，对其他的人也是威吓的例子”，那个士兵的生命被用剑结束了！

有人认为，位尊者和血统高贵者，还有军官，当允许为维护其名誉使用合法的紧急防卫。**** 然而，对另一些人立即加以了限制，在仅仅是语言伤害时，不容许他们置对手于死地。相反，人们不能承认其他的人和国家官吏本身拥有同样的权利，民事司法官将满足于他们“作为纯法律人竭力要求必须服从于国家法律的内容，并不能再提出什么非分的要求”。商人最惨，这是指，“即便是商业巨头也无例外，其名誉就是其信用，他们只有长久地拥有名誉才能拥有金钱，他们能够以适当的方式在没有失去其名誉和名声的危险时，忍受被人取侮辱性的绰号，当他们属于低

* 这一学说总的情况可在 K. 莱维塔的论文中找到：《紧急防卫权》，吉森，1856 年，第 158 及下页。

** 莱维塔，上引文第 237 页。

*** 同上，第 240 页。

**** 同上，第 205 和 206 页。

级阶级时，要接受有点痛苦的耳光和责备”。如果这种不幸者完全是一个乡下的农民或犹太人，那么，他在逾越这一规定时，当被处以禁止自力救济这一正式的刑罚，相反，其他的一些人当仅被“尽可能宽大地”处置。

尤其令人振奋的是那种方式：人们力图排斥以主张财产权为目的的紧急防卫。财产权，一些人认为，正好与名誉一样，是一个可补偿品，即，它将通过返还财产之诉（rei vindicatio）或侵权之诉（actio injuriarun）来补偿。而当强盗拿着东西逃之夭夭时，人们不知道他姓氏名谁，身在何处，这如何补偿呢？但人们仍然保留着返还财产之诉，“当在个别案件中起诉没有达到目的时，那只不过是偶然的与财产权本性完全不相干的情况之结果”。* 因此，必须无抵抗地交出自己携带的以有价证券来表示的全部财产的人也可能自慰，他仍然一直保留着财产权和返还财产之诉，强盗不外事实占有之！另外的人允许在涉及一个极重要价值的情况中，虽然不得已使用武力，但在此，尽管非常冲动，被攻击者也必须非常仔细地思索一下，为回击攻击多大的力气是必要的——如果他要用无害的方式打击攻击者的脑袋，他就可能要在上面练习一下，并了解一下头骨的硬度，通过一个较轻的打击对他不可能造成伤害，那他自然就无什么事了。相反，在价值不那么高的标的物上，如一块金块或里面有几块或几百块古尔登金币的钱包，他就不应加于对手以身体的痛苦。因为一块表哪能抵得上身体、生命和完整的四肢呢？一个是可以完全补偿的物，另

* 莱维塔，上引文第 210 页。

一个则是完全不能补偿的财富。一个无可争辩的事实在两种情况下被忽视了，一是表是属于我的，四肢是属于强盗的，四肢虽然对于强盗价值异常，但之于我全无用处，第二，关于我的表的可补偿性问题是，谁来补偿给我呢？

然而，学者的正经八百和实际不是那么回事令人受够了！当我们发觉，学术可能失去了健全是非感的一切质朴的想法，即在个人具有的那种权利中，标的仅仅是一块将产生其全部权利和全部人格问题的表，失去的方式是，面对不法，可能牺牲自己的权利，胆怯地逃避义务，这必定招致我们多么深的屈辱啊！在一个这样的见解可以堂皇地走进学术的时代，在一个胆小怯懦和对不法麻木不仁的精神决定着国家命运的时代，这又何足为怪呢？经历时代沧桑的我们还算幸运——这种见解现在变得不可能了，它只能成长于国民生活在政治和法律上都同样颓废的泥沼里。

通过上面展开的胆小怯懦的理论，即有义务在法律上牺牲受威胁的权利的理论，我已提及与我自身的见解极端对立的学术立场，恰恰相反，我的见解把勇敢地为权利而斗争称为义务。一个新哲学家赫巴特关于权利的最终根据的见解，其水平虽不说十分低下，但的确大大低于健全的是非感的高度。人们不可能说别的，他把最终依据视为某种美学动机：讨厌争执。这里不是评说这一见解完全站不住脚的地方，我感到幸运的是，能以一个在场的友人的阐述为佐证。* 如果美学的立场在评价权利时是合理的

* J. 格拉泽尔，《刑法、民法、刑事诉讼短论集》，维也纳，1868 年，第 1 卷，第 202 及下页。

话，我不知道，我是否应该用权利上的美学之美来排除斗争，或正好相反，包括斗争本身，明显不同于赫巴特的讨厌争执的假设，我有勇气承认，反过来去喜欢争执有错。我当然不是去说咬文嚼字和无谓之争，而是论庄严的抗争，即个人以自身并竭尽全力为其自身权利和民族权利的抗争。谁要是厌恶这一情感，可能一笔勾销了我们的整个文学和艺术，从荷马、伊利亚斯，希腊的雕塑作品直到我们今天的文学和艺术。然而，不是美学，而是伦理学才是权利的立足点，其实，伦理学远远躲避为权利而斗争，它需要把斗争作为义务。赫巴特想从中排斥掉的争执和斗争这个要素，是权利概念独有的，永世蕴含于其中，斗争是权利的天职，它应该总是在保障着和服务于享受，“你应当累得满头大汗才吃到你的面包”，此一格言与另一说法具有同样的真理性：你当在斗争中发现你的权利。从权利放弃准备斗争这一刻起，它就放弃了自己。我用一位诗人的话作为结束：

这是智慧最后的结论：
唯有为自由和生活付出者，[①]
才应该每天获得它们。

① 歌德诗句，原文为：Das ist der Weisheit letzter Schluss：
Nur Der verdient sich Freiheit wie das Leben，
Der täglich sie erobern muss.
选自歌德《浮士德》第2部分第11.574行。

附　　录

一　报道——耶林在“法律协会”

维也纳　　　　　　　　　　　　　　　　第 22 号

星期四，1872 年 3 月 14 日　　　　　　第 16 期

《审判厅》

司法和国民经济刊物

耶林在“法律协会”

这是一个最美语言的节日，于本月 11 日举行的“法律协会”全体大会变成了一个节日。这个节日属于即将告别维也纳的耶林教授。没有什么准备，没有预告，没有组织委员会，没有任何邀请，没有安排，告别节日完全自发形成，当然，或者也许正是如此，她比通常习惯于正式的、如此费力准备和筹划的众多庆典更出色、更真实、更由衷、更庄严。

整个准备是发出通知，耶林将在“法律协会”发表以“为权利而斗争”为主题的演讲；连最后一角也被摩肩接踵的人群挤满

的教会大厅，展现出这一场景。只要空间允许，维也纳的开业律师倾巢出动；公务员、法官、律师和公证员行业的众多成员也出席，其中有司法部长格拉泽尔，司法部参事朱利亚尼，沙尔施米特和波沙恩会长，法院院长黑尔特。

然而，这属于聆听即将告别维也纳的耶林的最后绝唱。事实上，堪与天鹅的绝唱相比，耶林的演讲，以巨大的魅力抓住了聚精会神的听众。巨大的、出色的、独特的思想之洪流，通过演讲者生动的、无拘束的演讲，最成功地展示出来，犹如一场纯涤的雷雨，在大厅呼啸。似乎权利陛下莅临于听众面前，在高声地宣告着权利的不可转让的属性，一个高雅的、喜庆的、我们差不多愿意说是忐忑不安的气氛侵袭着他们，这一气氛当然部分地由于演讲者四溢的幽默，遭到最令人愉快的中断。当演讲者强调我们今天的司法状况的困境，强调我们今天的诉讼程序的明显不足时，与演讲相伴的热烈的喝彩，形成了喧闹的群众集会。在我们把他下面的演讲转达给我们的读者的同时，我们想用最动人的词语表达我们对受贺的法律老师的真挚钦佩。

当耶林在出席者的欢呼中结束其演讲之后，协会主席冯·海叶致辞，由于忧伤不安，他脸色苍白，用颤抖的声音，甚至后来双眼噙泪，对受贺者发表了全体出席者站着聆听的讲话：

尊贵的全体大会！

如果您们允许我，在我们分别之前，当我对我们的受贺之客人，我可以说他是节日的演讲者，准备表示感谢之词时，作为这个协会的主席，来履行一种义务（转向耶林）。简单地通知您今天来演讲，在如此众多的、由于他们的学术教养和地位而出色的男人们中所引起的巨大兴趣，因在今天的、自协会成立十年以来最多的出席者中蔓延开来而光芒四射：雄心勃勃的理念，深刻周密的反思，崭新和独到的立场，还有智慧、幽默、风趣的演讲所产生的深刻印象——这个在我们全体人中产生的深刻印象，通过欢庆的掌声得到证明，人们用掌声回答了您。从我个人方面上看，对这种普遍的不寻常的满意之情，哪怕加上一个字，也意味着使之冲淡。但遗憾的是，我必须承认，我们对我们所听到的喜悦和满足之情，混合着不是一滴而是满盆的苦楚。我们的确尽知，正如我一再深信的，确实仅仅是维也纳的气候条件和受到威胁的健康状况，首先不是您本人，而是您的家人，促使您做出决断，再次离开您五年来在那里博得巨大荣誉的维也纳大学。

那些保持着一种对学术、法律和其文化事业有火热心肠的男人们的惋惜，侵袭着我们所有人，并还将继续掀起的忧伤，是如此的巨大，因为要与耀眼的三星之中的最后一颗的您分别，他们数年来在维也纳大学的苍穹上，闪闪发光（“喝彩声！”）。[1]

在被聘到奥地利之前，您已有令人夺目的崇高的声望，它不仅仅由于大声的赞赏得到认可，您的教学引来成千的学生证明了这一点，还尤其通过那些天才的、经典的著作得到证实，当代有头脑的法律者无人不知《罗马法的精神》。

同样，在奥地利，几十年来，在所有孜孜追求的法律者中，发生了在片面的历史法学派与纯先验的抽象法学派之间的激烈斗

① 用意大利语 Bravo。——译者

争。尤其是，在奥地利，我们法律者之中的优秀分子，几十年来一直对单一的吹毛求疵式地研究法律顶礼膜拜。所有专注于近代研究的人，或多或少地受到冲击，这一单一的法律观和法律研究，尤其是在奥地利，必须转变。所有的努力业已认识到，法律的确不是一种任意决定的外在装置，这种任意的决定在立法者的内省中找到其源头，正如您，皇家顾问先生，今天准确指出的，正如民族的历史，法律是一个来自民众的有机生成物，一个有机的产物。您在您的著作《罗马法的精神》中，它在整个德国，甚至在整个法学中享有盛誉，或者应更正确地说，在《法律的根本精神》中所写下的东西，在这里，您已完全揭示了，您已经把这些东西——日复一日，您的无数的奥地利学生已给我提供了证明——通过您的令人激动的、吸引人的、展现出丰富资料的和同时是富有启发地编排的演讲，正如您的学生对我所说的，通过奇妙的打动人的介绍，得以完成。

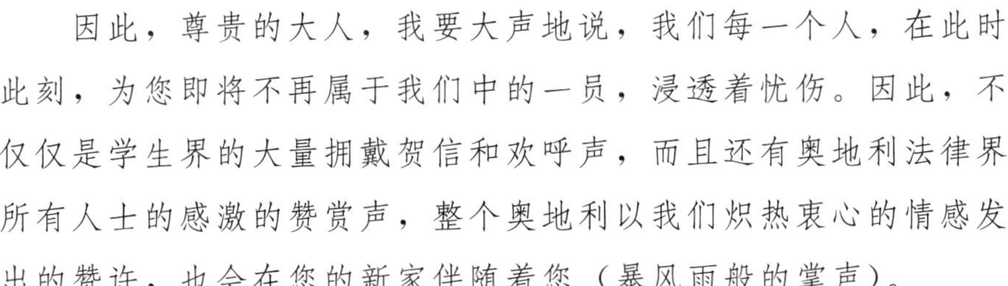

因此，尊贵的大人，我要大声地说，我们每一个人，在此时此刻，为您即将不再属于我们中的一员，浸透着忧伤。因此，不仅仅是学生界的大量拥戴贺信和欢呼声，而且还有奥地利法律界所有人士的感激的赞赏声，整个奥地利以我们炽热衷心的情感发出的赞许，也会在您的新家伴随着您（暴风雨般的掌声）。

现在耶林来回走动着说了下列告别词：

请您们允许我回献上几句话。我对出自您们主席最美心意的、夸张的赞许表达表示沉默。在我是这一讲话的对象时，这对我来说，谈论它不知有多难。但是，同样您们必须允许我表达由衷的忧伤，带着它，我必须告别这里。您们也许相信我，挣脱维也纳这一决断对我变得困难起来，我曾长时间斟酌，我是否应当这样做。仅仅是由于我个人的健康原因放弃了我的位置。请您们允许我利用这最后的机会，向您们表示我的谢意。

我在这里被用这样一种我和我的朋友未曾期待的方式接待。虽然我来自北方，虽然我自那场在北方与奥地利之间带来如此大鸿沟的战争一结束就到来，我在哪儿都未发现偏见。相反，我被各界极其友好地接纳了，为民众，为我的学生所支持，我很少在德国大学能发现这一点，这是热忱的最美好的象征，带着这种热忱，年轻人投身于学术事业。

我的先生们！然而同时和首先我愿意向您们保证，寻找与我的实务界的职业同伴的交往，是我毕生的心愿和信念之事。我一直在这样做，就像我经常说的，在这里我要说，当一个理论家从与实务界的交往中撤退时，他自己就切断了其知识和深造的最好源泉。我感谢与实务界的交往，不仅仅是在教义学法学中的成果，而且我坚信，假如我是成功的话，在法律史领域，有时发现了其他人没有找到的东西，因为我的眼睛通过与实务界的交往变得敏锐了，因此成功了。

所以，我也能在此说，我在此在您们那里找到的支持和赞许，给我以真正的满足。除了我的种种努力恰恰在实务界找到满足之外，我不知道什么是美好的。请您们接受我对这种亲密无间最衷心的感谢，请您们确信，我带着忧伤的心情离开您们的圈子，并且我任何时候都将无限愉快地再见到您们中的一位，无论我可能认识或不认识他；我把这视作我与维也纳的精神纽带没有切断的标志。

再一次表示我的感谢（暴风雨般的掌声）。

二　为权利而斗争的演讲稿

为权利而斗争

枢密官耶林教授 1872 年 3 月 11 日在维也纳法律协会上的演讲*

我尊贵的先生们！

当我翻开我的具有评论性的报告时，我不能抑制有些拘谨的心情，然而，我做好了准备，这个演讲将遭到一些先生们的怀疑和取笑；假如我选择了一个我熟悉的、数年以来在研究的主题，我似乎有十分充足的理由发表这个演讲；且事实上，如果我在此时此刻仍可以挑选，即从学术汇纂中，从罗马法史或从相关领域中选择一个主题，我仍愿意从中选一个。然而，我的先生们，我一直在思考从一个另外的立场来选择主题，考虑到有愧于您们，我打算，选择一个据我所知至今既无他人研究的、我本人也未探讨的主题，同时，这是一个听凭您们之中任何人评判的主题，一个我想说超出法学边界的主题，对此，一个外行同样有权像法律者一样做出评判。

我把这个主题称为“为权利而斗争”，且我也许在洋洋得意的状态中，去定下一个主题，对它的内容，您们可能完全没有什么想法。

* 据速记笔录。

我们通常占主流的观念，惯于把法权的概念与和平的、安宁的、秩序的观念相连，且这一观念，在一种立场看来，是完全合理的；像财产（作为享受的工具）观念一样，它同样是合理的，同样是真实的。然而，另一种立场与之相对。在财产权上，享受的另一面是劳作，在法权上，和平和安宁的另一面是斗争。根据生活地位的不同，甚至我想说，根据历史时代的不同，在这两个概念上，显得一会儿偏向一种立场，一会儿偏向另一种立场。

对于不费吹灰之力而获得其财产的富足的继承人而言，财产权不是劳作，之于他，财产权是享受；然而，对于成天想着获取的艰辛的劳动者，财产权是劳动。

在法权的概念上也是如此。之于不知法权的奔忙的、幸运地保持着不受奔忙之苦的外行人，法权可能一直是和平，秩序；您们，我的先生们，在实践上有经验的法律者，您们知晓另外一面，您们知道法权同时是一场斗争，您们乐意在这场斗争中助一臂之力。

因此，在这两种立场中，正好一种是指，法权主要是安宁、秩序和和平，我们的罗马法学主要在这方面获得影响。当一个年轻人离开罗马法的课堂走进实践生活时，他充满了下述观念：法如同语言一般，从民族情感中演进（如萨维尼所介绍的那样）；这种法的完整观念为自己开辟道路，即习惯法；这因此是那种法律信念的力量，这种力量在此得到证明。然而，这些信念必须艰难地斗争，这种斗争在语言同样在艺术的发展中完全不存在，在萨维尼的观念中这无足轻重。整个斗争重现于制定法效力的理论中。制定法的效力是组织者才智的产物；然而，制定法的诞生伴随着巨大的艰难困苦，在巨大的痛苦中，在不断地与和平的利益作斗争中发生，对此，在我们的理论中丝毫未提及。

然而，我的先生们，正好在当代，我们需要哪怕瞥一眼我们生活的世界，以便看到法如何是一场不停歇的斗争。

每一个出现的真理，不仅仅必须与谬误，还应与各种利益作斗争；每一个真理立即遭遇到无数的特殊利益，每一个法的改变（当然我不是指不重要的法律规范的改变），同样要求一场针对既存利益的斗争。因为既存的法立刻与无数利益结盟，既存的法律规范与现实有着千丝万缕的联系。当现在一个新的法律规范出现时，这不仅关涉到真理，还同时涉及新的法律规范反对既存利益的斗争。因此人们可以说：一切法律规范把道路铺在被践踏的利益之上，利益必定被牺牲掉，以便新的法律规范能够产生。因此，我主张：法不是像语言一样，不是毫无痛苦地，不是通过纯确信而产生，而是伴随着痛苦而诞生，犹如孩子从母体出生，法正是立基于这种在背后支撑着自己的力量。我们不必努力就获得的法律规范，对于我们而言，没有充分的价值，只是我们奋争得到法律规范这一思想，在我们中间系上道德的纽带，这根纽带促使我们完全支持这个法律规范。

我的先生们！在此贯彻诸如法必须斗争这类思想，不是我的使命。因此我将不谈论法的形成，尽管您们允许我瞥了一眼，相反，我将谈论权利的实现，也即普通私权的实现，或者，正如我已指明的，谈论为权利而斗争。

这个斗争，我的先生们，正如它今天已存在的，从一开始就显得没有那么高的利益。让我们来比较一下这个斗争今天的形式与民族生活中暴力斗争的形式。如果我们思考一下那种斗争，那么，它关涉到各个国家的命运，人类的命运；这里涉及我的和你的利益；这类斗争能为我们展现何种利益呢？

当然，我认为，我的先生们，能为您们证明，由于不法，我们轻视这种斗争，这种斗争可能具有一种伦理的，甚至是一种诗样的意义。

众所周知，私权（Privatrechte）的实现纯粹是通过权利人的活动而发生。相对于在公权（öffentliche Rechte）中权利人是国家机关，公权的实现作为义务归属于国家机关，那么，在私权中使其权利有效或放弃权利是个人的事情。然而，在抽象意义上的私法的现实性，在实现中，取决于他们的活动。抽象意义的法与具体意义的权利之间的关系，依我之见，为我们的学术极其片面地理解成：抽象意义的法是具体权利的前提，权利的可能性在制定法中被给定，且这种可能性变成了现实，以及条件出现了。

完全如同私权，仅仅以一个抽象法律的存在为条件，真理，事实也是如此，抽象法的统治，以存在于具体事物之中的活动为条件。换句话说：当单个的个人没有实现其权利之时，当他们没有勇气去实现它之时，那么，抽象的法是一张仅存在于纸上的钞票，没有兑现，因为实现借由私权被侵害而发生。

在这个意义上，人们可能说，每一个人有道德的任务，共同作用于真理和一般上的法律，在其有限的范围内，每一个人是制定法的守护者和执行者。

因此，我的先生们，如果或者是因为国家机关妨碍了这种斗争，或者是由于其他原因，民众中重要的一部分人不再有勇气实现其权利，这将会有何后果呢？这将导致有勇气去实现自己使命的个人受到无休止的妨碍。同样，正如其余的人退却，加给个人以不同的重负。我想将之与在战场上逃跑相提并论；当所有的人并肩战斗时，他们自身有一个支撑；一旦一个人退却，那么，留下者的任务就变得总是有危险的。实现自己的权利，是个人的使命，如果他不实现这个使命，那么，他放弃的不仅仅是他自身的利益，更是其共同体的利益。

这样，我的先生们，您们可能会问我，为何提出这类义务，为何还促使人们实现其权利，他本来要这样做，其利益充分地决定着他，幸好利益是每一种权利的基础，且利益是足够的强大，以着手这种斗争。然而，利益是驱使我们投入到为权利而斗争之中的唯一动机吗？我否认。

我的先生们！当我丢失了一个价值10古尔登的东西时，我不会投入11个古尔登以重新找到那个东西。因此，假如这是一个利益问题，尽管对价值10古尔登的东西产生怀疑，我也不会花费大约100古尔登设法重新使我获得这个东西。然而，日常经验给我们展示了相反的情况，无人能比您们，我的先生们，处在更好的情形中，对此做出更好的判断。因此，我们在此发现，没有人因为一个不重要的东西接受一个诉讼，一些不理解权利观念的普通的人，把这种人称为“争执癖”（Streitsüchtiger），且不理解，这种牺牲者将如何不懈地努力且投入金钱，为挽救2至10古尔登的标的。

的确，我的先生们，简单的是非感非常好地理解什么会发生；人们愿意获得他的权利，这种驱使着他的道德的结果是，10

古尔登仅仅是外在的理由。

当这种人干脆拒绝将补偿其权利的标的这一要求时，因此我们将完全理解这一点。从司法的家长制时代的许多案件中，我知道，一个诉讼判决对他来说是累赘的懒散法官，在小额的争议标的案中，总是自掏腰包给原告提供标的物，并由此马上决断诉讼。我的先生们，我宁愿拒绝这笔金钱，我想要我的权利！——这种权利的要求以什么为基础呢？它向我们提出了权利与人格相关联的问题。依我之见，要求权利是人格自身的一部分，权利源于人格；要求权利是我的工作，如同工作同样显示出的那样，我自身的一部分体现在这个标的物上；它属于我的权利的外围，它几乎是我的外展的力量，我的外展的人格，我是人格本身。

就是这样。如果构成我的权利外围中的某一部分遭受攻击，那么，中枢即人格本身会感受到，在此，权利的病理学因素便出现了：权利被侵害，这种状况使权利的真实存在完全明了。犹如某个器官的病理性疾病向医生表明了这个器官的真实意义，我的先生们，权利的侵害，向我们法律者显示了权利与人格的真实生活和真实关联。因此，这种权利如何被侵害，这种打击告诉给了人格，对此，人格对此的反应是，这是对权利的伤害，人格将受到挑战。

明显的，根据对权利的不同侵害，反应本身也是不同的，激烈或不那么激烈。终究存在一种侵害，在那里，个人能完全克服这种情感。我设想一种标的物丢失的情况，在此，我是否将提出返还财产的请求，之于我不是人格的问题，在此，这是一个纯计算的问题；由于我放弃了诉讼，我并未失去我自己和我的权利。

然而，当对手的个人责任与客观不法相连，就完全不同于蓄意的不法，不同于侵害我的故意。因为这种侵害不再是纯粹侵害财产，且它不再关涉利益问题，而是关涉到我的人格，当我拒绝斗争时，这同样是怯懦的表现。依我之见，在这种权利被故意侵害的情况中，进行斗争是一种个人对自己的义务，一种对集体的义务。个人显得是国家的代表来反对不法，被分配了任务，在其权限内拒绝不法。

然而，我的先生们，这仅仅关系到在此被涉及的个人吗？公正的道德愤怒以何为依据去克服这种软弱和痛苦？这纯粹是一种习惯的个人的伤害吗？啊，不是！这是指，同时总是权利本身，权利，权利陛下被伤害、被嘲笑、被侵犯。因此，这种打击将之从首先关涉到的标的物传递到个人，从个人传递到权利。因为个人为其权利本身承担着责任，正好这个思想将用这种方式唤起冲动。我们的诗人曾多次利用这个素材，一个德国诗人克莱斯特在《米歇尔·科尔哈斯》中为我们展示了在与不法作斗争的人类——不法是我们所了解的悲惨情况之一——他，那个男人，与全体个人一道，败于糟糕的习惯——在我看来，败于悲惨的命运。同样，这在《威尼斯商人》中伴随着夏洛克；他想主张其权利，整个威尼斯不认同这一点；当他不能把这场斗争进行到底时，他最终同样悲惨地毁灭了。

因此，我的先生们，当涉及人的权利时，人格的敏感性，我们也能将之称为对是非感的敏感性，在个人那里是非常不同的，同样在不同的时代，在每个民族那里，也是不同的。我曾经常提出那个问题，即这缘何如此？如果这与民族的个人性相关，这是民族观念的差别吗？噢，不是！我的结论是，它与对财产权的不同评价相关。

财产权对每一个家族，对每一个个人不是相同的重要：评价主要依赖于财产权的获得。一个必须努力与自然，与土地抗争，以保障其生存的劳动民众，会每天想起财产权的意义。之于他，财产权显得是许多劳动、许多匮乏、许多艰辛的表现。因此，不同于用相对缓和的方式去获得财产的时代，这个时代把财产权和对财产权的损害，视为以完全不同的方式对个人本身的侵犯。让我们以城市与乡村对立的现代为例。如果我们想一想城市的居民与农村的农民，即使处在同样的财产关系之中，那么，我坚信，双方将用完全不同的眼光来打量金钱。在城市，例如在维也纳，评价的方式不是取决于艰苦劳作的人们，而是取决于相对容易获得财产权的人，这一评价方式后来成为一般价格的标准。相反，在每一个人都了解的农村，赚钱是多么的艰难，因为对财产权的评价完全是另外的样子，对不是艰难劳作的人也是如此。因此，我的先生们，这也适合不同的时代。我们今天的时代变得不同于古罗马，而以另外的方式去看待财产犯罪，在古罗马，劳动，我想说，支配着惩罚，在我们这里，完全不同的观念居主导地位。

因此，对侵权的反应程度也取决于侵犯的方式，以及取决于这种再次强调的立场，取决于财产权对个人的远近。

这源于至今的观念，即，主体必须为财产权所进行的斗争，不仅仅对于主体自身是道德满足的问题，而且还同样对于集体有特别的重要性。之于主体，这是一个道德的自我维护的问题；对主体的尊重受制于主体能出具证明，他在受到激怒的情况中没有胆怯地退缩。我业已在前面详细地给出了斗争对于集体的意义，从中可以得出，国家有最紧迫的义务用一切方式培育个人的情感，强有力的是非感。这最终有赖于权利实现的保障。

对此有另外一种观点。在私人生活中，必须训练道德的力量，因为是非感必须经过和经受训练，以便在最高的领域，在国家的紧急防卫情况中，是非感当处在良好的状态。一个在私权的低层领域中没有勇气进行公正斗争的民族，也将没有勇气在关涉到国家和国家的权力时进行斗争。

维护私人生活中的是非感，是政治教育的最重要的任务，因为今后将决定国家命运的整个道德力量最终从中产生。

那么，国家、制定法能用何种方式去维护这种是非感呢？

通过现在把目光投向罗马法，我愿对此予以回答。依我之见，立法不仅应通过诉讼制度，而且尤其是应通过满足这种公正的愤怒，来缓和这种斗争。制定法应该在财产被侵害、侵权发生的地方，不单单局限于对损害进行补偿，恰如在客观不法的情况中，而且制定法应该把这种侵权的情况看作是一种严重的不法，即便是在私法上，只要不可能产生刑事处罚，以便在这种情况中满足被损害的是非感。现在，我将来证明，这在罗马法中是如何做的。

在古罗马法中，这被适当地规定为，在一个不法中，不论对方有无过错，不论一个侵权的人是有意或故意为之，不论他是否由于过错（Schuld）还是疏忽（culpa）侵犯我的权利，很少有区别；这些是不重要的。古罗马法没有区别他在道德上的考虑，是否是故意还是疏忽，严重的疏忽还是轻微的疏忽，而是那个人得到属于我的东西，他至少占有了它且不愿将它返还给我就够了。因此，像我所称之的那样，在此，纯客观的不法的情况本身，被判以完全像主观不法一样的相同处罚。据古罗马法，在返还财产之诉（Vindicatio）中，当被告败诉时，他必须支付双倍的赔偿；在那里，将不问他是否故意地扣下我的财产。同样，在对法院的财产返还令的上诉（Eviction der Evictions-Spruch）中，总是要求支付双倍的赔偿；在那里，将不问我的前物主（Vormann）是否有意地卖给我他人的财产，他把它卖给了我，他就必须支付我双倍的价金。在另一个场合，我已经罗列了这些情况，且就罗马法而言，能够说，这大大超出了公正地考虑这种情绪的程度。

我现转向中期罗马法。在此，我们遇到了一个完全的平衡；它详细地区别出完全的过错（volle Verschuldung），恶意的故意（dolus），严重的疏忽（culpa lata），轻微的疏忽（culpa levis），善意（bona fides），恶意（mala fides），且其重点在于被告如何对我行事。这种考虑出现在所有的情况中，在返还财产之诉中，在各种债务纠纷中，处处都出现考虑到病理的因素，它顾及满足被侵权人。

我愿从那个时代的罗马诉讼中举几个例子：

我要求归还我的借贷，被告对我有异议；假如让他通过诉讼来决定，他将多付我三分之一作为惩罚。被告允诺到某时肯定支付，我允许他延期付款，他却又未信守诺言，作为惩罚，他将多支付我二分之一。

在某些另外的情况中，即，被告必须知道，我的起诉是否成立，例如，在阿奎利亚法之诉（Actio legis Aquiliae）中，当他否认时，他要双倍支付。这同样发生在罗马法称作特别信任关系的情况中：委托，社团关系，寄存，监护。如果我的对手付诸诉讼来决定，我证明他真的对不法负有责任，那么，不光彩的惩罚就落在他头上。

所以，罗马法熟知一系列这样的惩罚，它们被用来惩治故意为不法的被告。罗马的诉讼正好特别适合于这类惩罚。在这方面，裁判官禁令（prätorische Interdikte），尤其是禁治产令（Interdicta prohibitoria）呈现出一种有趣的形式。

在有些案件中，裁判官（Prätor）公开发布一个禁令，尤其是一个强制禁止令（vim fieri veto）。至今为止，双方当事人之间的案件，也许更多是一个客观不法的问题；从最高司法官发布其禁令开始，案件就改变了；谁现在还在继续违抗，那么，他的违抗就指向最高司法官本人；最高司法官作为法律的代表立于受害人之前。这时，为对手提供了一种是让步还是不让步的选择；最高司法官说：如果你不让步，当知道，这不再是合法还是不法的问题了，而关涉到公然的违法。罗马法中一个相似的制度是法官裁决（Arbitriun iudicis）。在某些请求权中，罗马法官并不立即判决罚款，而是先让你选择，如果我能够这样说，这是一个宽容的举动，他的判决为实物赔偿，在被告一方就存在着他是愿意接受这一建议还是不接受。只要法官此时已告知了自己对案件的立场和判断，此时，一切不从，便属于一个完全另外的立场。被告不能请求原谅他只是以为在捍卫其权利，且此时如果他不遵照命令，他将会受到惩罚，这就是，原告被允许估价宣誓（Iuramentum in litem）。

那么，我的先生们，罗马法学家是如何非常严格地区别一边是客体的利益和侵权的利益，另一边为病理性的利益，为此，我们在已知的诉讼类型中找到了证明，在返还财产之诉中找到了证明：侮辱之诉（Injurienklagen），因忘恩负义撤销赠与（Widerruf einer Schenkung wegen Undankbarkeit），尤其是最有意思的撤销遗嘱之诉（Querela inofficiosi testamenti）。这一诉讼之目的在于撤销遗嘱，排除无情无义的继承人；原告应该获得的不是金钱，而是父亲给予的应被抚平的伤害，这一诉讼具有满足其愤慨的目的。这一看法尤其通过习惯上不转变为起诉继承人而被强调和突出。其可能性取决于，受害人必须感到这种伤害，如果他认可了这种伤害，他就能提起诉讼，他感到未遇到伤害，那么，他就不能提起诉讼；一旦他没有感到伤害，他就不能提起撤销遗嘱之诉。这一诉讼只有通过法院的聚讼令（Litis contestatio）才指向继承人，正基于此。

我的先生们，中期罗马法就是这样。在我的眼里，它是理想的。在这个法中，受伤害的是非感的要求，得到了完全的承认；同样与那些古罗马法所展示给我们的极端规定不同，它们也不同于另外一种处理方式，我将过一会儿再给出其特点。在中期罗马法中，这一倾向达到其顶峰。然而，在晚期帝国时代这种倾向减弱了；在晚期法律史的文献中对之反映出的可读到的特点为：民众的道德力量式微了，麻痹了，奴才相的是非感占据着古罗马法学家。因此，法律规范也改变了。一系列早期出现的惩罚不见了。将借贷还给债权人被以卑劣的方式予以否定，只是还钱给他。保证在某时支付的债务人，不再多支付一半。被告是否恶意地否认债务，结果完全一样。这一在我看来是晚期法律中有特点的形式，在根本上表现为对债务人的同情，债权人的权利在很多情况中被牺牲了，这是一个堕落时代的象征（“喝彩声！”持续的“喝彩声！”），一旦立法者为了不刺激债务人，出于错误的权利幻想，献出债权人的永久的、美好的权利（“喝彩声！”）。

这导致了无信用，我不敢在此继续详说我的见解，我似乎担心，当我在此极其粗暴地对抗这一倾向时，变成了诽谤，也许我也没有这个权力（呼叫：“请！”），然而，我的见解是，我们今天也在饱受这个错误之苦（暴风雨般的喝彩声）。

那么，我的先生们，您们的喝彩声，极大地鼓舞着我此刻做最后一跃，即从优士丁尼时代的法律，转向今天的法律。我对这一方面的判断，不是非常良好的；我们比优士丁尼时代退得更远。在优士丁尼时代的法律中，还存在一些具有上述目的之设置；我们已没有理智，或者也许没有勇气，去应用其法律。人们认为，我可以这样说，我们今天的私法已通过了博学的过滤。学者同样不是像生活中的人们，像实践者那样去感受；对于我们近代的私法，人们指出，它被学者操控着。

在优士丁尼法律中仍存在的罗马法的那些制度，人们已简单地抛弃了。对否认的、可耻的否认的重要惩罚留在哪里呢？这些惩罚出现在我们的教学大纲里，私刑同样如此；在生活中它们不起作用。因此，今天债权人，之于他，债务的存在被用卑劣的方式否定了，所处的境地与那些要求债务人的继承人偿还债务的人一样。这合乎正义吗？这甚至意味着，简直是在奖励否认。在最善意的情况中，亲爱的先生什么也不支付，在最不善意的情况中，他做他原先必须应做的事情：付账。我愿意来看看我们司法的主要弊端，看看损害之诉（“喝彩声！”）。

是的，我可能只是感到高兴，我不处在提起一个有损害之诉之中（哄堂大笑），既不作为律师，也不作为当事人按照我所知道的程序来诉讼。当我看到整个损害之诉用何种方式意在使债权人失去其完好的权利，我的坦率的是非感感到不满。遭受损害的倒霉蛋，无论他可能提起或不提起诉讼，他总是承担着损害（暴风雨般的喝彩声）。但这还是我们的权利不啻于无依无靠的另外一面。我自己曾处在这种感到痛苦的场景。这是一个与我的女仆有关的案子。她突然想离开，声称她已解约；但她没有解约。我不可能做什么，对此我无能为力。我向警察寻求帮助；那个女仆被询问并坦白，没有解约，但仍然不想继续干下去；最后，有人在警察局对我说：“为了利益请您起诉”（持续的哄堂大笑）。法院见？那个女仆否认，警察局是一个唯一的证人，其资格……（渐强的哄堂大笑）。我可以说，因为我已经感到所遭受的不法的痛苦，一旦人们拥有其有利的权利，且国家的制度是这个样子时（“喝彩声！”），即人们用其最大的意愿不能使其权利产生作用，不能使权利得以贯彻。我对今天的法律规定进行指责，这些规定预计到，出于强烈的是非感，人们今天简直是在被强迫实施了一些卑劣的法令，我刚刚还说到它们，而置其有利的权利于不顾。

我马上要结束了。您们应当允许我给您们再举一例。这是一个紧急防卫的例子。我感到高兴，在这里看到在场的一位先生，

是的，还有第二位先生*，他们同意我的观点。在最近，出现了一个对过时的紧急防卫观的有益的反应。紧急防卫在早期是如何呢？一件人们尽可能想限制的坏事，每个律师在他加以限制时，以为在做一件好事。因为首先考虑到抵抗的价值，也即遭受攻击的对象的价值大小和财产的价值，为了防卫，我反击侵袭者。首先，我的先生们，我想知道，当一个人递给我一件价值 10 万古尔登的财物时，我是喜欢他想从我这里抢走的手表，还是喜欢 10 万古尔登呢？（大声的哄堂大笑）此刻，从我的立场上看，权衡我没有的而他拥有的 10 万古尔登，比我的手表，对于我而言，是否应更有价值一些，是多么难受的一件事！（持续的哄堂大笑和"喝彩声！"）。那么，谁来列举一下对紧急防卫的一切限制；人们可能说，在紧急防卫时人们正好是在理论上说有怯懦的义务（"喝彩声！"）。我在一篇文章中，在一篇荷兰语的文章中认为，莱维塔的紧急防卫的情况被放弃了。一个荷兰士兵将被攻击，那个男人退缩了——我宁可不这样做；其他的人仿效他，那个男人退得更远；最后，进攻者抓住了他，那个战士进行抵抗并打死了那个敌手。对他如何处置呢？他将被正法！我的先生们，这是残忍的司法谋杀，人们可能要说，这是是非感的堕落，质朴的本能对此产生恐惧，似乎说出了一切博学的厄运！（"喝彩声！"）。——的确在关系到名誉时，人们走得如此之远，以至人们认为某些社会阶层捍卫其名誉是天经地义的。军官、贵族男人和特权者——相反，商人不具有他们不需要的名誉，他们的名誉是信用，只要会

* 暗指在场的部长格拉泽尔博士和主席海叶。

得到（哄堂大笑）。

我的先生们！就这样了，我已在这上面耽误得够多了。但是，我们发现，我们今天的时代是远远不能适应我在此提出的诸多要求，在我们今天的制度中，隐蔽地培养起浓厚的简朴的是非感，必须成为未来的使命。

因此，我可以说，我的论述的核心是：牺牲一种被侵害的权利是怯懦的行为，人们的这一行为招致耻辱，招致对共同体的最大损害；为权利而斗争是伦理的自我维护的行为，是一种对个人自己和集体的义务。

因此，我根本无意与新的哲学、与赫巴特一道，从厌恶争执中使权利产生；我根本无意承认在这一上述意义上对争执具有兴趣有什么错，如果我的演讲能有助于唤醒为权利而斗争，那我想把它印出来。我认为，挑选出这样的要点，比现在已经劳心费力说了许多的部分更为重要。感谢您们的倾听（暴风雨般的、持续数分钟的喝彩和鼓掌）。

三　耶林法学著述目录[①]

郑永流　编

1）《法律者的历史学派》，载：《文学报》第 11 期，柏林，1844 年，第 197－201，405－410，421－425，534－536，565－569 页。

“Die historische Schule der Juristen”, in: Literarische Zeitung 11（Berlin 1844）, S. 197－201, 405－410, 421－425, 534－536, 565－569.

2）《不带判决的民法案例》，莱比锡，1847 年，170 页（其他版：耶拿，1870 年，1876 年，1881 年，1932 年）。

Civilrechtsfälle ohne Entscheidungen, Leipzig 1847, 170 S.（weitere Auflagen: Jena 1870, 1876, 1881, 1932）.

3）《不同发展阶段的罗马法精神》，第一至三卷，莱比锡，1852－1865 年（其他版：1866－1871 年，1873－1877 年，1878－1888 年，1891－1906 年；重印：莱比锡，1924 年，达姆施达特，1953/1954 年）。

Geist des römischen Rechts auf den verschiedenen Stufen seiner Entwicklung, Bd. 1－3, Leipzig 1852－1865（weitere Auflagen: 1866－1871, 1873－1877, 1878－1888, 1891－

① 从 1842 年博士论文开始，耶林不倦地写作了大半生，达 40 余年。这里以时间为序，参考有关德文文献（见四“耶林研究文献选”），辑录其全部法学著述。

1906；Nachdruck：Leipzig 1924，Darmstadt 1953/1954）.

4）《为权利而斗争》，全本，维也纳，1872年，100页（其他版：1872年，1873年，1874年，1877年，1884年，1886年，1889年，1891年，1895年，1897年，1903年，1910年，1913年，1919年，1921年，1925年；重印：不莱梅，1982年）；

简本：达姆施达特，1943，重印：1948年，1963年，1977年，1989年，2003年。

Der Kampf um's Recht，Wien 1872，100 S.（weitere Auflagen：1872，1873，1874，1877，1884，1886，1889，1891，1895，1897，1903，1910，1913，1919，1921，1925；Nachdruck：Bremen 1982）；Gekürzte Ausgabe，Darmstadt 1943，Nachdruck：1948，1963，1977，1989 und 2003.

5）《法的目的》，第一、二卷，莱比锡，1877－1883年（其他版：1884－1886年，1916年；重印：黑德斯海姆/纽约，1970年）。

Der Zweck im Recht，Bd.1－2，Leipzig 1877－1883（weitere Auflagen：1884－1886，1916；Nachdruck：Hildesheim/New York 1970）.

6）《法律文集》，莱比锡，1879年，415页。

Vermischte Schriftrn juristischen Inhalts，Leipzig 1879，415 S.

7）《“当代罗马私法和德国私法教义学年鉴”论文全集》，第一至三卷，耶拿，1881－1886年（重印：阿伦，1969年）。

Gesammelte Aufsätze aus den “Jahrbücher für die Dogmatik

des heutigen römischen und deutschen Privatrechts", Bd. 1—3, Jena 1881—1886 (Nachdruck: Aalen 1969).

8)《实用法学中的诙谐和庄重》，莱比锡，1884 年，383 页（其他版：1891 年，1892 年，1898 年；重印：达姆施达特，1988 年，428 页）。

Scherz und Ernst in der Jurisprudenz, Leipzig 1884, 383S. (weitere Auflagen: 1891, 1892, 1898; Nachdruck: Darmstadt 1988, 486 S.).

9)《论是非感的产生》，1884 年，那不勒斯，1986 年，184 页。

Über die Entstehung des Rechtsgefühls (1884), Neapel 1986, 184 S.

10)《日常生活的实用法学》，耶拿，1886 年，96 页（其他版：1892 年，1897 年）。

Die jurisprudenz des täglichen Lebens, Jena 1886, 96 S. (weitere Auflagen: 1892, 1897).

11)《占有意思》，耶拿，1889 年，540 页。

Der Besitzwille, Jena 1889, 540 S.

12)《罗马法发展史》，莱比锡，1894 年，124 页。

Entwicklungsgeschichte der römischen Rechts, Leipzig 1894, 124 S.

13)《印欧语系人前史》，莱比锡，1894 年，486 页。

Vorgeschichte der Indoeuropäer, Leipzig 1894, 486 S.

14)《鲁道夫·冯·耶林（1852—1868 年）——信札和回忆录》，柏林，1907 年，106 页。

Rudolf von Jhering（1852—1868）：Briefe und Erinnerungen, Berlin 1907，106 S.

15）《鲁道夫·冯·耶林致友人信札》，莱比锡，1913 年，480 页（重印：阿伦，1971 年）。

Rudolf von Jhering in Bewriefen an seine Freunde， Leipzig 1913，480 S.（Nachdruck：Aalen 1971）.

16）《为法权而斗争——文选》，古斯塔夫·拉德布鲁赫作序，克里斯蒂安·鲁舍编辑，1965 年，478 页。

Der Kampf ums Recht，Ausgewählte Schriften mit einer Einleitung von Gustav Radbruch. Hrsg. v. Christian Rusche，1965，478 S.

17）《法的精神——文选》，弗里茨·布赫瓦尔德编修，1965 年。

Der Geist des Rechts，Eine Auswahl aus seinen Schriften. Hrsg. U. Eingl. v. Fritz Buchwald，1965.

18）《耶林与格贝尔通信》，埃伯尔斯巴赫，1984 年，693 页。

Der Briefwechsel zwischen Jhering und Gerber， Ebelsbach 1984，693 S.

19）《耶林致温德沙伊德信札》，哥廷根，1988 年，75 页。

Jherings Briefe an Windscheid，Göttingen 1988，75 S.

20）《实用法学是一门科学吗？》，瓦尔施泰因，1998 年。

Ist die Jurisprudenz eine Wissenschaft?，Wallstein 1998.

四　耶林研究文献选

郑永流　编

德文

Okko Behrends (hg.), Rudolf von Jhering, Beiträge und Zeugnisse, aus Anlass der einhundersten Wiederkehr seines Todestages am 17. 9. 1992, 2. Aufl. Göttingen 1993.

Wolfgang Fikentscher, Methoden des Rechts, Bd. 3, Stuttgart 1976, S. 101—403: „Jhering“.

Bernd Klenner, Rudolf von Jhering und die Historische Rechtsschule, Frankfurt/M. 1989.

Hermann Klenner (hg.), Der Kampf ums Recht, Freiburg/Berlin 1992.

Gerhard Luf (hg.), Der Kampf ums Recht: Forschungsband aus Anlass des 100. Todestages von Rudolf von Jhering, Berlin 1995.

Franz Wieacker, Rudolf von Jhering, Stuttgart 1968.

Franz Wieacker/Ch. Wollschläger (ed.), Jherings Erbe, Göttingen 1970.

Erik Wolf, Grosse Rechtsdenker, Tübingen 1963, S. 622—668: „Jhering“.

中文

[德] 科因，《鲁道夫·耶林的法律体系概念》，吴从周译，载《法学丛刊》2000年第180期。

[英] 哈特，《耶林的概念天国与现代分析法学》，陈林林译，载《法学文稿》2001年第2期。

[德] 霍勒巴赫，《耶林：为法权而斗争》，良佐译，载《清华法学》2002第1期，清华大学出版社，2002年。

[德] 克莱因海尔、施罗德主编，《九百年来德意志及欧洲法学家》，许兰译，"耶林"条目，法律出版社，2005年。

[德] 马廷内克，《鲁道夫·冯·耶林：生平与作品》，田士永译，载《法哲学与法社会学论丛》(8)，北京大学出版社，2005年。

何勤华，《耶林法哲学理论述评》，载《法学》1995年第8期。

李建良，《戏谑与严肃之间：耶林的法学世界》，载《月旦法学杂志》2001年第75期。

仝宗锦，《重温耶林》，载《中国法律人》2004年第3期。

吴从周，《从概念法学到利益法学——以耶林对海克之影响为线索展开》，台湾大学博士论文，2003年。

译后记：为“什么”而斗争？

一书译就，常要有所交代。上乘之作，汇涓成水，我不能得，只取三两瓢。

一、耶林其人

1. 事业家庭

耶林（Jhering），名鲁道夫（Rudolf），生于1818年8月22日，卒于1892年9月17日，享年74岁。他毕生以法学为志业，尽管他颇有音乐天分，且后曾领导过吉森音乐协会。高中毕业后，他像其几乎所有的长辈一样，步入法学大门，先后求学于海德堡大学、哥廷根大学、慕尼黑大学，最后在柏林大学获法学博士学位，那是1842年。三年之后，他被瑞士巴塞尔大学聘用为正教授，时年仅27岁。自此，便一发不可收拾，不停变换任教之地于南北之间，1846年，北德罗斯托克大学；1849至1852年，北德基尔大学；1852至1868年，德国中部吉森大学；1868至1872年，奥地利维也纳大学，在那里，其声望达至巅峰；1872至1892年，德国中部哥廷根大学。

他一生曾三次结婚，两次再婚皆因丧偶。1846年在罗斯托克组成家庭，其第一个妻子死于头胎生产，孩子两月之后也随母而去。他伤心地去了基尔，于1849年在那里重又喜结连理。1867年在他去维也纳任教前再度失妻。在维也纳，他觅得最后一位伴侣时，人不觉已过知天命之年，这是在1869年的夏天。

不论是执教的大学，还是生活的家庭多么地变动不居，他的一生多姿多彩：交友、结社，历游山川、鸿雁频传，任洒音乐兴情、竭尽文学能事，笑纳八方荣誉馈赠，欣受无数庆典簇拥。

2. 思想历程

耶林以利益法学开启了20世纪法学的新发展方向而名垂青史，但当初他本欲去东佛里斯兰州谋一高级行政法律工作，未果的原因是其长兄已是该州的官吏，而该州政府不想有两个耶林。于是，在他的哥廷根公务员考试辅导教师威廉·罗伊特（Wilhelm Reuter）建议下，1840年，耶林怀揣罗伊特的推荐信去柏林投奔弗里德里希·鲁多夫（Friedrich Rudorff）——萨维尼的知己，但却是师从萨维尼的学生霍迈尔（Homeyer）攻博，从此踏上了学术终身之旅。

两年之后，耶林在柏林大学以罗马遗产占有人的历史为题（De hereditate possidente），出色地通过了由鲁多夫、施塔尔（Stahl）和霍迈尔主持的博士论文口试。紧接着，他又提交了教授资格论文，题目为“应支付实物者必须在多大程度上返还因实物所获孳息？”（Inwieweit muss der，welcher eine Sache zu leisten hat，den mit ihr gemachten Gewinn herausgeben?）。该论文和其学术才能得到鲁多夫和普赫塔的一致称赞，他们将耶林视为由萨维尼创立的历史法学派的年轻同道。

然而，耶林却并未沿着历史法学派之路走多远。在聆听萨维尼离开柏林大学前的最后一课时（1841/1842 年冬季学期），他就感到自己已超越了这位名声如日中天的大师。鲁多夫曾介绍耶林“晋谒”萨维尼，萨维尼傲慢地接待了他的来访者。自此，耶林对萨维尼这位被神化的法学泰斗无甚好感，但他当时还未公开批评萨维尼，以免失宠于有恩于自己的鲁多夫。

1843 年 5 月 6 日，耶林首次登台，讲授“罗马法原理”，座中只有 7 个学生，但比萨维尼 1803 年初为人师时还多两名。课前，耶林曾与普赫塔谈过此主题，后者劝他不要染指这样一个广博的领域，耶林未从。以“罗马法原理”和未完成的手稿“普遍的法律史”为标志，耶林转向法律建构，及至教义学。这些工作的意旨，很少在于阐述由罗马法学家们自己建立的“罗马法理论”，更多的是根据包含在理论中的结论，去“完善”由罗马法学家们所创立的法律概念。耶林的名作《不同发展阶段的罗马法精神》（常简称《罗马法的精神》）便是以此为基础，开辟了那条“借助罗马法但又超越罗马法”的道路。从 1852 年出版第一卷到 1865 年第三卷问世，耶林几乎将其吉森时光全部倾泻在此书上，直至今天，它仍是关于罗马法内在发展的最值得读的书之一。

但耶林在未及完成《罗马法的精神》之时，又进一步从法律建构转至政治－经济生活的现实层面。1861－1866 年他以《一位不知名者的信札》为题，在普鲁士法院报上匿名发表了一系列论文，极力讽刺他自己曾致力的“概念法学”，提出了一种非历史和非概念的现实法律观：“非现实的就不是法，与此相反，发挥现实功能的就是法”（Was sich nicht realisiert，ist kein Recht und umgekehrt，was diese Funktion ausübt，ist Recht）。本着伦理——实践性甚于理论性，耶林先后发表《为权利而斗争》（1872年）、《法的目的》（1877年）和《论是非感的产生》（1884年），并因此创立了目的论学派，后也叫利益法学。

3. 为后世留下的

耶林对整个现代法学的影响是多面且深远的。限于后记形式，笼统而言，他的为权利而斗争的主张，成为自19世纪末以来世界范围内最具感召力的法学学说；他是德国社会法学的开创者，其目的、利益、生活条件等理论也是美国现实主义法学的思想来源之一。国内法律人多知霍姆斯1881年在《普通法》所说的：法律的生命从不在于逻辑，而在于经验，而耶林早在1865年于《罗马法的精神》第三卷中就言道：对逻辑的整体崇拜，使法学变成法律的数学，是一种误解……不是逻辑所要求的，而是生活、交易、是非感所要求的，必须去实现……；他阐发的法律建构技术——分析、集成和建构，仍是今日法律思维和法律方法的基本工具；另外，不要忘记，德国民法典是以温德沙伊德的精神来制定的，但却是以耶林的精神去实施的，当代德国学者菲肯切尔对这对朋友兼论敌的评价，颇为精准。如要稍作解释，我以为就是，用体系化思维来制定民法，用实践性思维去施行民法。简言之，立法思温翁，司法问耶林。

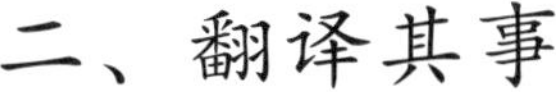

二、翻译其事

1. 译事缘起

约在2002年4月的一次聚餐中，与人闲谈起耶林的《为权利而斗争》尚无德译全本，席中商务印书馆陈小文先生遂约我担当译事，我随口应了一声。不料，陈先生很快寄来选题申报表，并嘱要请名家作选题审核。对陈先生的诚邀，却之显然不恭，只好从命请我校张晋藩先生出具专家意见。于选题初审通过之后签订出版合同之前，我即动笔翻译，进展顺当。不久，陈先生打来电话，说潘汉典老先生也想在商务印书馆出此书，他们不知如何是好。潘老先生是启蒙我辈学业的“汉译名著”的主译之一，且早在 1947 年就节译了耶林此书。我当即表示，不用为难，当选潘老先生的。译事告停。

一年之后，陈小文先生又造访法大，当面再表歉意。说者无心，听者有意，在场的我的同事米健马上说，可将我的译本放至“当代德国法学名著”中。我不想与潘老先生媲美，未敢应允。然他们俩一再开导，说一书多译在译界并不少见，况这次也是事出有因，更谈不上不尊重学术前辈，云云。犹豫良久，半月后，我答应了米健，权作潘译的补充读本。

2004 年 4 月，我刚从翻译恩吉施的《法律思维导论》中解脱出来后，即着手续译之事。后在 DAAD 资助下，于同年 8、9 月在法兰克福大学初译完此书。在我所翻译的书中，此书最薄，却历时最长。

2. 德文版本

《为权利而斗争》（Der Kampf ums Recht）有不同的德文本，初为耶林 1872 年 3 月 11 日在维也纳法律协会（Juristische Gesellschaft）的同名告别口头演讲。据不同的速记笔录，演讲分别发表在该协会的司法和国民经济刊物《审判厅》（Gerichtshalle）3 月 14 日第 16 期第 22 号（见本书附录），和维也纳《法律公报》（Juristische Blätter）3 月 17 日第 3 号上。随后，耶林对之作了详细修改和较大扩充，于 1872 年 7 月，交由维也纳的曼茨出版社—书店和大学—书店（Manz'sche Verlags-und Universitäts-Buchhandlung，Wien）出版发行，但标题改为“Der Kampf um's Recht”。

耶林生前曾多次修订这个全本，他在去世前一年，即 1891 年 7 月 1 日，还为第 10 版写下最后一个序言。至 1921 年有了第 20 版，后许多出版社根据不同版次大量重印。1925 年 R. 胡赫（R. Huch）编出了一个新版，但是否为节本，未找见原文不敢断定。可以肯定的节本为美因河畔法兰克福 Vittorio Klostermann 出版社于 1943 年（一说 1944 年）所编，1948 年再版，印数逾万，其最新的是 2003 年版（自 1977 年由弗莱堡大学 A. 霍勒巴赫教授接手）。

3. 外文译本

《为权利而斗争》一经出版，翻译就接踵而至。耶林本人也在第 10 版序言中一一遍数：1874 年，匈牙利语、俄语（两种）、新希腊语、荷兰语、罗马尼亚语、塞尔维亚语；1875 年，法语、意大利语、丹麦语、捷克语、波兰语、克罗地亚语；1879 年，瑞典语、英语；1881 年，西班牙语；1883 年，西班牙语、英语；1885 年，葡萄牙语；1886 年，日语；1890 年，法语。计 21 次 17 种语言。据德国 H. 克里勒教授（Hermann Klenner），至

1992 年，共有 50 余次外语翻译，也许还不包括汉语。

就本译者所知，该书的中文翻译工作从 1900 年始，持续了一百余年，先后公开出版的中译本有：

《权利竞争论》，[德] 伊耶陵著，未注明译者（推断为章宗祥译），①载中国留日学生译书汇编社《译书汇编》1900 年 12 月创刊号和 1901 年 3 月第 4 期，东京；

《权利竞争论》，[德] 伊耶凌著，张肇桐译，② 上海文明编译印书馆，清光绪二十八年（1902 年）；

《权利斗争论》，[德] 鲁道尔夫·封·耶林著，潘汉典译，1947 年《大公报》；

《法律的斗争》，萨孟武译，《孟武自选文集》，1979 年，台湾三民书局；

《权利斗争论》，[德] 鲁道尔夫·封·耶林著，潘汉典译，《法学译丛》1985 年第 2 期，第 8—11、77 页；

《法（权利）的抗争》，蔡震荣、郑善印译，1993 年，台湾三锋出版社；

《为权利而斗争》，[德] 鲁道夫·冯·耶林著，胡宝海译，《民商法论丛》第 2 卷，1994 年，法律出版社；

《为权利而抗争》，林文雄译，1997 年，协志出版社。

在上述翻译中，潘汉典先生的两个译本均出自德文本，但为

① 章宗祥（1879—1962），字仲和，浙江吴兴人。时留学日本东京帝国大学法科，译书汇编社主要成员。

② 张肇桐（1881—?），字叶侯，号铁欧，江苏无锡人。清末留学东京早稻田大学政治科。

节译；章本（只译前两章）、张本和胡本则是从日译本转译过来；蔡、郑本出自德文节本；萨本据英、日两译本“只意译其大旨”；林本所据不详。

另外，据吴经熊先生在其 1933 年的《法律哲学研究》中介绍，凌其翰博士告他已译就此书一部分，吴希望凌完成工作以纪念此书出版 60 周年。惜我未能查出凌其翰博士是否译完。吴将该书名称为“为法律而斗争”，但当时认为该书“中国至今迄无译本”之断语却有误。

4. 我译版本

本人初选的是霍勒巴赫教授 1977 年编辑的德文节本，在 2004 年夏去法兰克福大学与诺伊曼教授反复商量后，决定翻译 1872 年 7 月出版的第 1 版全本。理由是后来的各修订版并未有何立场的实质改变，也因此德国学者更偏爱引用第 1 版。作为佐证，特辑录耶林本人的几段说明，尽管文字给人的最深印象却是耶林的自负：

“在对我的这篇文章批评中提出的各种指责，并不是我修改旧本的原因，我也未收入我在第 3 版序言中对这些指责业已做出的反驳。如果我的文章的基本理念，一如我一直坚信的，是正确的，那么，它将得到维护；如果是不正确的，那么，每一句对它的再辩护是徒劳的。”（1874 年 8 月 4 日第 4 版序言）

“在所有后来的各版中，我未做任何实质的修改。一如既往，我认为我的文章的基本理念是绝对正确的和颠扑不破的，以至于对我的文章有异议者的每一字反驳，我视为白费力气。”（1891 年 7 月 1 日第 10 版序言）

此次我译的第1版全本，选自德国克里勒教授所编的《耶林：为权利而斗争》（1992年），而它又照录自1872年维也纳的曼茨出版社 书店和大学 书店的初版。本书附录中 “报道——耶林在‘法律协会’”和二“为权利而斗争的演讲稿”，均译自克里勒教授所编之书。[①]

三、“Recht”其意

耶林此书的标题和内容均为为“Recht”而斗争，由于对Recht译笔难下，便产生了为“什么”而斗争的困惑。

1. 多义的Recht

Recht素来不易移译，原因在于，除有公正和合法之意思外，Recht应主从两种意义上来理解，一是客观意义，指规范或客观法（objektives Recht，简称为法），一是主体意义，指主体权利（subjektives Recht，简称为权利），且两种意义相互关联，共同构成Recht。不存在无客观法基础的主体权利，也没有无主体权利内容的客观法。意思明白，却言不能至，在非德语中找不到一个对应Recht的位于法和权利之上的上位表达，如黑格尔1831年的“Grundlinien der Philosophie des Rechts”被T. M. Knox译为“Hegel’s Philosophy of Right”（Oxford University Press，1945），范扬、张企泰据德文本则译为《法哲学原

① Hermann Klenner，Rudolf von Jhering：Der Kampf ums Recht，1. Aufl. Freiburg-Berlin，1992.

理》（商务印书馆，1982 年）。

2. 在此书中的含义

在确定 Recht 在此书中的含义之前，还是来听听耶林本人在此书中是如何说的：

“之于为法权而斗争我们必须遵循的两个方向，是通过 Recht 这个词的双重意义所标明的——客观意义的法（das Recht im objektiven Sinn）和主体意义的权利（das Recht im subjektiven Sinn）。据其前一方向，斗争伴随着历史上的抽象法的产生、形成和进步，据其后一方向，斗争是为了实现具体的权利（Recht）。”（1872 年 7 月第 1 版第 11—12 页）。

后来耶林将此段话修改和扩充为：

“众所周知，Recht 这个词是在双重意义上被使用的，即客观意义和主体意义。客观意义的法是由国家执行的法律规则的总和，即生活的制定法秩序，主体意义的权利是抽象规则具体化为个人的具体权利。Recht 在这两个方向上都遭遇抵抗，它不得不在这两个方向上克服这种抵抗，也即，必须在斗争的道路上争得或维护其存在。虽然我选择了第二个方向上的斗争作为我考察的真正对象，但我不应忽视我的主张：斗争是 Recht 的本质，这在第一个方向上也证明是正确的。”（1891 年第 10 版第 4 页）。

从这几段话中，人们可明显地看出，耶林为之斗争的 Recht 包括法和权利两个内容。这也体现在全文中，他从为法而斗争始，谈到为权利而斗争，终于通过自己的权利去捍卫法，通过法去捍卫自己的权利；“权利自身不外是一个在法律上受保护的利益”(Das Recht selber ist nichts Anderes als ein rechtlich geschützte̅s Interesse），他的这一著名的权利定义更是将法和权利关联在一起，读者不难自察。

但为权利而斗争属斗争的主要方向，正如耶林 1872 年 3 月 11 日在维也纳法律协会上的演讲中说："我的先生们！在此贯彻诸如法必须斗争这类思想，不是我的使命。因此我将不谈论法的形成，尽管您们允许我瞥了一眼，相反，我将谈论权利的实现，也即普通私权的实现，或者，正如我已指明的，谈论为权利而斗争。"

然而，通观全文，在此书翻译中，也包括在其他场合，Recht 不可一律以"权利"对应，还要根据具体情况用"法权"、"法"、"法律"、"公正"、"合法"，更多是用"权利"来表达，这就无需赘言了。只是何种具体情况当用何种表达，并不一目了然，译者虽不无用心，译文也未必能免唐突，还请阅者见谅和指正（可经 xpzyl@sohu. com 径寄本人）。

3. 标题的翻译

正文中可视情况选择 Recht 的对应词，而此书标题的翻译只能择一。百余年来，各语种的译者们踯躅于法与权利之间，试示例如下：

英 语：　The Struggle for Law，Englisch（Amer.），J. J. Labor，Chicago 1879；　法

The Battle for Right，Englisch，Philip A. Ashworth，London 1883；　权利

法 语：　Le Combat pour le Droit，Alex. François Meydieu，Paris 1875；　权利

意大利语：La lotta pel Diritto，Raffaele Mariano，Mailand und Neapel 1875； 权利

西班牙语：La Lucha por el derecho，Adolfo Posada y Biesca，Madrid 1881； 权利

俄语：Borba za pravo，P. P. Wolkow，Moskau 1874； 权利

日语：Kenli toso lon，Nishi，Tokio 1886； 权利

韩语：Guolli－rul uihan Tüsang，Yun Jong Shim/Ju Hyang lee，Seoul 1977； 权利

中译本中106年前章本首译为权利，后又有法律和法（权利）二种表达（见上）。

笔者初衷拟用“为法权而斗争”，[①]为使词与物充分对称，我特将译法问题提交2004年10月6日的“当代德国法学名著”编委会第六次工作会议。与会者对此书名中Recht的译法，尤其是标题的翻译做了深入讨论，形成三种意见：“法权”（米健、刘兆兴）、“权利和法”（邵建东、Harro von Senger）、“权利”（Robert Heuser）。此前约一月，诺伊曼教授也曾与我讨论过这一难题，他建议我寻找一个兼具权利和法两义的中译名，当我说到“法权”一词或许是一种解决办法时，他表示赞同。

由于毕竟“为权利而斗争”的译法已约定俗成，且“为权利而斗争”作为政法口号已深入人心，改译的风险重大。权衡复权

① 实际上我也尝试过，如曾用笔名“良佐”译霍勒巴赫的“耶林：为法权而斗争”，载《清华法学》2002年第1期，清华大学出版社。

衡，及至在写此后记时，才最终定下将此书名，仍采“为权利而斗争”。虽从上文看，选择“为权利而斗争”的译法确有些厚此薄彼，言不尽意，但却照顾到了文之核心。最后的虽然并非是最不重要的，但也不一定是最佳的。

在文末之处，我把我衷心的感谢，给予在译程中给予本人不同形式帮助的上列各位人士和未提及的人们，尤其要感谢陈小文先生、米健先生和诺伊曼先生，还有经田士永先生介绍为我解答部分拉丁文问题的克努特尔先生（R. Knütel），给我提供德文全本第四版的马廷内克先生（M. Martinek），提供台湾蔡震荣、郑善印中译本的何意志先生（R. Heuser），首阅后记的沈浪先生，担当主要录入工作的我的学生吴培培。

怀着对他们的谢意，遂本着“译事信为大”，尽力让134年前的耶林，不以中国的思维方式，少说古时或今天的“达、雅”之国语，也不为了读起来通达，而文饰耶林文中某些不顺畅，包括标点符号，尽管阅读界有“作者无错，译者有疑”之归责习惯。

二〇〇六年九月

本书在法律出版社于2007年付梓8年后，经已是商务印书馆副总编的陈小文先生的提议，法律出版社及朱宁女士慷慨将此书转与商务印书馆继续出版。一书游历两社，译者不胜荣幸，也深表感谢。借此新版之机，我先请我的学生李瑞峰通读献疑，由本人再作通改，以求更接近译事之至上境界——“信”。因为“信”了，原作“达、雅”，译作就“达、雅”，原作不及，译作就不能急。“信”字当头，“达、雅”与否，应在其中。然而，要步耶林时代的古韵，笔者力不能逮，敬请海涵。

二〇一五年七月

图书在版编目(CIP)数据

为权利而斗争/(德)耶林著;郑永流译.—北京:商务印书馆,2017
(汉译世界学术名著丛书:120年纪念版:珍藏本)
ISBN 978-7-100-14536-7

Ⅰ.①为… Ⅱ.①耶… ②郑… Ⅲ.①权利—研究 Ⅳ.①D90

中国版本图书馆CIP数据核字(2017)第153691号

汉译世界学术名著丛书
(120年纪念版·珍藏本)
为权利而斗争
〔德〕耶林 著
郑永流 译

商 务 印 书 馆 出 版
(北京王府井大街36号 邮政编码100710)
商 务 印 书 馆 发 行
北京市十月印刷有限公司印刷
ISBN 978-7-100-14536-7

2017年12月第1版 开本710×1000 1/16
2017年12月北京第1次印刷 印张7
定价:35.00元